17년째 버티고 있는 중입니다

지금 다니는 회사, 퇴사할까 '존버'할까

셀프헬프
self·help
시리즈 ⑯

"나다움을 찾아가는 힘"

사람들은 흔히, 지금의 내가 어제의 나와 같은 사람이라고 생각한다. 이것만큼 큰 착각이 또 있을까? 사람들은 매 순간 달라진다. 1분이 지나면 1분의 변화가, 1시간이 지나면 1시간의 변화가 쌓이는 게 사람이다. 보고 듣고 냄새 맡고 말하고 만지고 느끼면서 사람의 몸과 마음은 수시로 변한다. 그러니까 오늘의 나는 어제의 나와는 전혀 다른 사람이다. 셀프헬프self·help 시리즈를 통해 매 순간 새로워지는 나 자신을 발견하길 바란다.

17년째 버티고 있는 중입니다
지금 다니는 회사, 퇴사할까 '존버'할까

초판 1쇄 발행 2021년 1월 11일
초판 2쇄 발행 2021년 1월 31일

지은이. 이명혜

ISBN
978-89-6529-264-7 (13320)
12,800원

이 도서의 국립중앙도서관
출판예정도서목록(CIP)은
서지정보유통지원시스템 홈페이지
(http://seoji.nl.go.kr)와 국가자료
공동목록시스템(http://www.nl.go.kr/
kolisnet)에서 이용하실 수 있습니다.
CIP제어번호 : CIP2020052162

발행. 김태영
발행처. 도서출판 씽크스마트
서울특별시 마포구 토정로 222(신수동)
한국출판콘텐츠센터 401호
전화. 02-323-5609 · 070-8836-8837
팩스. 02-337-5608
메일. kty0651@hanmail.net

도서출판 사이다
사람의 가치를 밝히며 서로가 서로의
삶을 세워주는 세상을 만드는 데 필요한
사람과 사람을 이어주는 다리의 줄임말이며
씽크스마트의 임프린트입니다.

씽크스마트 · 더 큰 세상으로 통하는 길
도서출판 사이다 · 사람과 사람을 이어주는 다리

17년째
버티고 있는
중입니다

사이다
사랑과 나눔을
이어주는 사회

추천의 말

그녀는 앞으로 나보다 더 재미지고 의미 있는 '존버'를 할 것이다

오랜 직장생활을 해오고 있는 그 시간들을 돌아본다. 항상 최고가 되려고 앞만 보고 달리기만 했거나, 선후배와 동료 등 누군가만을 의지하며 직장생활을 했다면 과연 이렇게 오래, 잘 해왔을까? 그런 의문이 드는 순간 접하게 된 이명혜 씨의 '존버' 비결. 직장생활을 잘하게 하는 나름의 목적과 현실적인 이유를 솔직하게 조언해주는 그녀의 글은 지난 시간보다 앞으로 더 나아갈 시간에 대한 기대감을 갖게 한다.

보험회사에서 30년을 근무한 유현조

사이다처럼 톡 쏘는 직장생활 팁을 맛보시길

고된 회사생활이 주는 고민들로 한번쯤 조기 퇴사를 생각해본 직장인들이라면, 17년 동안 한 직장에서 버텨온 저자의 이 책이야말로 당신들을 위한 것이다. 회사에서 자신을 성장시키며 오래 버텨온 경험을 후배들에게 전해주기 위한 고민을 엿볼 수 있다.

〈지극히 사적인 그녀들의 책 읽기〉의 저자이자
28년 동안 교육행정 공무원으로 근무한 손문숙

이직을 삼시세끼 밥 먹듯 하는 사람들에게

한 직장에서 오래 버틴다는 것은 많은 것을 시사한다. 이 책은 그 의미와 방법론을 이야기하고 있다. 직장의 참뜻과 싫어도 공존해야 하는 상사에 대처하는 법까지, 이 땅에서 직장생활을 하는 모든 이들이 꼭 한번쯤 짚고 넘어가야 할 문제들에 대한 저자의 진솔한 이야기를 들을 수 있다.

교문본부 웅진씽크빅에서 20년 동안 근무한 팀장 정혜숙

지금 당신이 다시 존중하며 버틸 수 있게 힘을 주는 책

내 삶의 주인공이 나 자신이듯, 오롯이 나에게 집중할 수 있는 삶을 살아가기 위해 꼭 읽어보아야 할 도서이다. 또한 지지 않고 존중하며 버텨야 했던 저자의 솔직한 이야기들이 다시 한번 회사를 버틸 수 있게 만드는 원동력이 되어줄 것이라 확신한다.

일산 농협에서 16년 근무하고 있는 계장 손영주

존중하고 배려하는 직장생활이 '존버'를 만든다

역경을 경력으로 만들어 자신의 삶을 밝고 멋지게 색칠하며 아름다운 직장생활을 하는 '존버 언니' 이명혜 작가에게 박수를 보낸다. 하고 싶은 일이 생기면 바로 도전했던 그녀의 도전기가 아름답다. 한때는 연예인과 작곡가를 꿈꾸었던 17년 베테랑 직장인, 그리고 이제는 따뜻한 글을 쓰는 작가가 된 그녀가 인정받을 수 있었던 것은 솔직함과 넘치는 자신감, 감사함 때문이 아닐까 싶다. 오래 버티는 것은 업무능력보다, 복잡한 인간관계에서 존중과 배려를 기본적으로 갖추고 있어야 가능한 일이다. 나이와 지위를 따지지 않고 배우려는 겸손한 자세와 따뜻하고 끈끈한 동료애. 그녀의 가치 있는 직장생활이 눈부시다.

〈꿈을 실현시켜 주는 성공 이미지메이킹〉의 저자이자
국제대학교 뷰티코디네이션학과에서 12년 근무한 교수 **권혜영**

나를 버티게 만드는, 그 보물 같은 응원

'조금만 더 버텨보자. 조금만 더 버텨보자.' 스스로에게 말하다 보니 어느새 방송작가가 된 지 12년이 지났다. 지극히 평범한 내가 그 어렵다는 방송국에서 '존버'할 수 있었던 힘은 무엇이었을까? 버틸 만한 가치는 무엇이었을까? 그녀의 책에서 또 한번 버텨내야만 하는 이유를, 그 보물 같은 응원을 얻는다.

〈나는 글 대신 말을 쓴다〉 저자이자
방송작가로 12년 동안 활동한 작가 원진주

단 한번이라도 퇴사를 생각해 본 직장인이라면

직장생활을 하면서 한번이라도 퇴사를 생각해 본 사람이라면 이 책을 꼭 읽어보길 추천한다. 영화처럼 펼쳐지는 극적인 내용이 아닌, 굴곡 없이 이어지는 소소한 스토리지만 이런 경험이야말로 오늘날을 살아가고 있는 직장인들의 진솔한 이야기가 아닐까… 사소하지만 중요한, 누구도 이야기해주지 않는 직장에서 '존버'하는 비법을 이 책에서 찾길 바란다.

종합병원에서 4년 동안 근무한 간호사 이정혜

목차

보물상자 안의 보물을 기대하며

2017년 1월 10일 11시 45분, 나는 한 아이의 엄마가 되었다.

엄마가 되기 전까지만 하더라도 나는 책과 거리가 먼 사람이었다. 그러나 100일이 지난 후부터 얌전하게 낮잠을 자준 착한 아들 덕분에 책을 가까이할 수 있었다. 내게는 마치 그 시간이 "엄마, 책 많이 읽고 내게 좋은 엄마가 되어 주세요." 하고 아들이 만들어준 시간 같았다. 똑똑한 아들이니 분명 그랬으리라.

그러던 어느 날, 이기주 작가의 〈언어의 온도〉라는 책을 읽게되었다. 순간, 마음속의 내가 말했다. "나도 따뜻한 온도를 가진 글을 쓰는 작가가 되고 싶어."라고. 아들이 낮잠에 빠져 있던 조용한 주말, 작가라는 꿈은 그렇게 내게 다가왔다.

작가가 되고 싶다는 꿈이 생겼지만 현실은 냉혹했다. 나는 아이를 키우는 엄마이자 출퇴근하는 회사원이었으니까. 그래도 일단 내가 무엇을 쓰고 싶은지부터 고민해보기로 했다. 한참을 고민하던 중, 퍼뜩 떠오른 생각에 무릎을 탁! 쳤다.

나는 거의 20년 가까이 회사를 다녔다. 그러는 동안 먼저 퇴사하는 선배들과 동기들, 그리고 후배들을 볼 때마다 느꼈던 씁쓸함을 잊을 수가 없다. 선배들은 몰라도 후배들이 먼저 회사를 떠난다는 소식을 듣게 되면 '아, 힘들었구나. 옆에 있어주지 못했구나.' 하는 생각에 안타까움과 미안함이 절로 들곤 했다. 나 역시 정말 친하고 업무적으로도 도움을 많이 주던 언니가 먼저 회사를 그만두었을 때 '이제 어떡하지? 나 혼자 버틸 수 있을까? 나도 그만둬야 하나?' 하는 고민으로 밤을 새웠던 때가 있었기 때문이다.

좋은 사람들이 하나 둘씩 자리를 정리하는 걸 볼 때마다 텅 빈 회사에 홀로 남겨진 것만 같아서 눈물이 핑 돌곤 했다. 그러나 나는 버텼다. '조금만 더 버텨보자, 조금만 더 버텨보자.' 스스로에게 말하다 보니 어느새 17년이 지났다.

친한 지인들은 가끔 내게 "너 아직도 그 회사 다녀?" 하고 묻는다. 그러면 나는 "응, 당연하지. 더 오래 다녀야지."라고 답한다. 주변 사람들이 회사생활을 버티지 못하고 그만둘 때, 혼자 남아 버티면서 나만의 해답을 찾아냈기 때문이다.

'함께 잘 버텼으면 지금 훨씬 재밌게 같이 회사를 다니고 있을 텐데.'

먼저 회사를 떠난 사람들을 떠올릴 때면 생각한다. 같이 버틸 수 있는 방법도 있었을 텐데. 그랬다면 지금의 나처럼 그들도 나름대로 재미와 의미, 그리고 회사가 주는 가치들을 알 수 있었을지도 모르는데.

그렇다. 나는 남들이 다 그만두고 싶은 회사에서, 죽이고 싶은 상사들이 우글거리는 직장에서 인생의 가치와 의미, 그리고 존중을 찾은 사람이다.

이 책은 성공한 사람이 쓴 책도 아니고 유명한 사람이 쓴 책도 아니다. 성공할 수 있는 방법이 담기지도 않았고, 그렇다고 임원이 될 수 있는 방법이 적히지도 않았다. 가진 거라곤 조금 무모한 자신감과 감사함뿐인 한 평범녀가 금융회사 입사 20년차를 바라보며 쓴 극복기가, 바로 이 책이다.

우리는 누구나 평범한 이야기들을 가지고 있다. 소소하고 평범한 일들이야말로 모두가 공감할 수 있고 함께 고민할 수 있는 이야기라고 생각한다. 우리는 더 이상 성공한 이야기나 유명한 이야기로부터 위로를 받지 않는다. 오히려 나와 같은 고민을 하며 살아가는 사람들의 이야기로부터 위로받고 치유된다.

지극히 평범한 나는 남들이 다 하는 그 직장생활을 통해 나름대로 산전수전을 다 겪었다. 그렇지만 그 시간을 겪으며 성장할 수 있었고, 그렇게 성장하게 해준 회사에 대한 존중심도 가질 수 있었다.

누군가는 말하리라. "회사에서 '성장'과 '존중'이라니. 말도 안 되는 소리하지 마!"라고. 그들에게 회사는 회사원을 괴롭히기 위해 존재하는 괴물들의 집합소일 뿐이리라. 하지만 내게 있어서 회사는 그런 곳만은 아니었다. 버텨보지 않은 사람은 모른다.

나는 내가 찾은 해답을 그 시절의 나와 닮은 사람들, 고된 회사생활이 주는 고민들로 수없이 밤을 지새고 있을 후배들에게 전하고 싶었다.

보잘것없을지 모르지만 결코 작지 않은, 생생한 내 17년 직장생활을 바탕으로 펜을 들었다. 당신의 인생에 회사가 얼마나 유용할 수 있는지, 또 그 안에서 우리는 얼마나 성장할 수 있는지, 우리가 회사에서 버틸 만한 가치가 무엇이 있는지에 대해 이야기하고 싶다. 그리고 예전의 나처럼 회사에서 힘들고 서러운 날을 보내고 있을 후배들에게 응원의 메시지를 전하고자 한다.

"나도 정말 힘들고 서러웠지만 잘 버틴 끝에 여기까지 왔어요. 그러니 그대들도 잘 버틸 수 있어요. 우리 함께 잘 견디며 잘 버텨 봐요. 당신이 지금 몸담고 있는 그 회사는, 당신의 생각보다 훨씬 가치 있는 것들이 담긴 보물 상자일지도 모르니까."

1장

퇴사 연습하기

낙장불입의 원칙

사직서는 어디서
다운로드하나요?

　많은 직장인이 '오늘은 반드시 사표를 써야지….' 하고 다짐하며 회사를 다니고 있을 것이다. 나 역시 그랬다. 하루가 멀다 하고 퇴사를 고민했고 사표의 내용을 '개인 사유'라고 간단하게 적을지, 하고 싶은 말을 구구절절 담을지 고민했다. 그만큼 입사한 지 얼마 되지 않았을 때, 스트레스가 심했다. 잠자리에 들 때마다 내일은 어떤 일에 치일까, 어떤 사람에 치일까 하는 끝없는 걱정으로 잠을 설쳤고 해가 뜨면 퀭한 눈으로 출근을 했다. 버스 안에서 '오늘은 기어코 사표를 쓰겠다.'라고 다짐했지만 쉬운 일이 아니었다.

　때는 입사 초기. 반복되는 야근으로 몸도 마음도 지쳐갈 때쯤 드디어 마음을 먹었다. '여기는 내가 오래 다닐 곳이 아니야.' 퇴사에 대한 생각이 드디어 실행으로 옮겨가고 있었다. 난 사직서 양식을 찾기 위해 이곳저곳을 뒤졌다. 그런데 아무리 찾아도 회사 내에 사직서 양식은 구비되어 있지 않았다. 입사한 지 얼마 되지도 않은 신입이 아무나 붙잡고 "저어… 사직서 양식은 어딨죠?"라고 물어볼 수도 없는 일이었다.

며칠을 끙끙 앓던 끝에 친한 선배를 찾아가 조심스레 이야기를 꺼냈다. "저… 선배님, 사직서 양식은 어디서 찾나요?" 그러자 선배는 "야, 너 그거 다운로드하면 인사부에 찍혀."라는 생각지도 못한 답을 주는 것이 아닌가! 나가는 마당에 인사부에 찍히는 게 뭐가 대수겠는가? 하지만 그 말에 가슴이 철렁 내려앉은 걸 보면, 여전히 '퇴사 갈등 중'이었지 진짜 모든 걸 접고 회사를 나가겠다는 마음은 아니었던 것 같다. 결과적으로 선배의 그 말 한 마디가 17년이라는 긴 회사생활을 지속하게 해준 커다란 계기가 되었다. 그러나 사표를 쓰겠다는 생각이 든 순간이 어디 그때뿐이었으랴.

그로부터 몇 년 후, 다시 사표를 쓰고 싶게 만드는 사건이 발생했다. 이 시기의 나는 신입 때와 달리 사직서 양식을 다운로드해둘 정도로 강심장이 되어 있었다. 언제든 퇴사하리라 마음먹고 사직서를 가슴에 품고 다녔다.

전체 직원이 모여 매출에 관련한 회의를 진행하고 있었다. 보고서에 대한 상사의 질문이 이어지자 직원 모두가 고개를 푹 숙이고 질문에 대한 답을 피하려 안간힘을 쓰고 있었다. 그때 "이명혜 씨가 목표달성 숫자를 읽어봐." 하는 소리가 들렸다. 월별 매출부터 연간 목표달성액까지… 가뜩이나 숫자에 약했던 나는 틀리지 않으려고 또박또박 읽어나갔다. 그런데 곧 단위가 점점 커지면서 천만 단위가 넘는 숫자가 나와버리자 긴장감이 극에 달했고, 급기야 '25,000(천원)'이라고 천 원 단위가 표시된 숫자가 나오자 나는 단위를 무시한 채 눈에 보이는 대로 2만 5,000원이라 내뱉고 말았다. 엄숙한 분위기 속에서 동료들은 고개를 숙인 채 웃음이 나오는 걸 간신히 참아내고 있었다. 얼굴이 화끈거리던 그 순간 상사는 "숫자도 못 읽어?!!" 하며 버럭 화를 냈고 급격하게 공포 분위기가 조성되었다.

회의가 끝나고 동료들은 덕분에 오랜만에 재밌었다며 괜찮다고 위로해주었지만 난 자존심이 상했고 민망했다. 그 후로 '2만 5,000원'이 되어버린 나는 상사의 꾸지람과 스스로에게 화가 나 그만두고 싶었다. 실수나 잘못에 수위 높은 지적을 하시는 여러 상사들도 겪은 터라 고심 끝에 사직서를 작성하기 시작했다.

사직서를 쓰면서도 머릿속에는 갖가지 생각들로 가득했다. '이렇게 쓰는 게 맞는 건가?'부터 시작해서, '이거 쓰고 내일 안 나오면 되는 건가?' '마무리하지 않은 일은 뭐가 있더라?' '업무인

계는 누구한테 해야 하지?' 등등….

어찌어찌 사직서를 작성한 다음 날, 나는 '개인사정'이라는 사유가 적힌 사직서를 상사에게 내밀며 "그만두고 싶어요."라고 말했다. 그러나 사실 내가 정말 그에게 하고 싶었던 말은 아래와 같았다.

"지금 나는 당신 때문에 그만두는 겁니다. 양심에 찔리지 않으세요? 사직서를 읽어보고 내가 정말 퇴사해야 되는 건지 아닌 건지 당신이 결정해주세요. 내가 퇴사하는 게 맞는 건지 아니면 당신이 나가야 하는 건지 나는 잘 모르겠습니다. 솔직한 마음으로는 당신이 회사를 나가주었으면 합니다. 만약 그게 싫다면 지금이라도 당장 내게 진심으로 사과해주세요. 내가 지금 이 회사를 그만두려고 결심하게 된 이유는 당신 때문이니까요."

하지만 겁도 많고 말도 조리 있게 잘하지 못했던 나는 겨우 "그만두고 싶어요."라는 한마디에 저 모든 말을 함축해 상사에게 전달했다. 돌이켜보면 마음 한구석에서는 그가 내게 사과하고 잡아주었으면 하는 기대가 있었고, 또 회사생활에 대한 미련도 있었던 것 같다. 감사하게도 그 상사는 내게 진심으로 사과를 건넸고, 그렇게 내 사직서는 없던 일이 되었다. 나는 지금도 그분에게 감사함을 느끼며 회사를 다니고 있다. 사직서를 쓰는 동안 많은 것을 깨닫게 해주셨고 그 후에는 너그러운 진심을 보여주셨기 때문이다.

솔직히 한편으로는 '만약에 내가 사직 사유에 개인사정이라 쓰지 않고 상사의 횡포와 행태에 대해 낱낱이 밝혔다면 어땠을까?'라는 생각이 들기도 했다. 하지만 이런 가정은 그야말로 확고하게 퇴사를 결심해야만 가능한 일이다. 나는 이를 잘 알기에 사직 사유를 '개인사정'으로 적은 것에 대해 후회하지 않는다.

내 잘못이 아닌 상사의 비판과 질책에는 억울함을 소명한 뒤 그를 욕하면 그만이다. 하지만 내 잘못에 상대의 질책까지 더해지면, 바로 잘못을 깨닫기보단 내 마음만 다쳤다는 생각이 든다. 사실 사직서를 쓰게 된 원인은 원초적으로 나에게 있었다. 지나서 생각해보니 이런 경험들 대부분이 그랬다. 누굴 탓하고 원망해보지만 결국 내 양심이 찔리곤 했다. 때문에 제목은 사직서지만 내용은 반성문인 문서를, 나는 종종 쓰곤 했다.

사직서는 사실 '몇 월 며칠까지 회사 업무를 종료하고 퇴사하겠습니다.'라는 절차상 필요한 문서일 뿐이다. 그러나 나에게는 이 사직서를 써본 시간이 회사생활을 지속하는 데 있어서 큰 약이 되었다. 일명 '퇴사 연습'을 통해서 '퇴사가 답은 아니겠구나.'라는 사실을 깨달을 수 있었기 때문이다.

　사직서를 쓰면서 이런저런 미련들로 망설이는 나, 한두 사람 때문에 회사를 그만둔다는 사실을 인정하고 싶지 않은 나를 발견할 수 있었다. 그리고 이런 수많은 생각을 통해 결국 '아, 나는 회사를 떠나고 싶지 않구나.'라는 사실을 깨달을 수 있었다.

　누구라도 한 번쯤은 사직서를 던지고 회사를 뛰쳐나오고 싶은 마음이 들 것이다. 수만 번의 갈등을 거쳐 곱게 서랍에 넣어두거나 품에 품고 다니다가 술 한 잔에 태워버리는 것이 사직서다.

　그러나 그 고민이 너무 깊어져 잠을 이룰 수 없을 정도가 된다면, 한번쯤 사직서를 실제로 써보라. 그리고 '퇴사 이유'를 꼼꼼하게 적으면서 '진심으로 나는 이 회사를 그만두고 싶은 걸까?' '왜 이 회사를 그만두고 싶은 걸까?' '일이 힘들어서? 아니면 사람 때문에?'와 같은 질문들에 답해보는 시간을 가져라.

　만약 그 모든 질문에 대해서, '다 싫다. 떠나고 싶다'는 마음이 강하게 든다면, 과감하게 '개인사유'라고 적고 떠나라. 많은 말이 필요치 않다.

　하지만 많은 사람이 떠나는 대신 질문에 대한 답을 발견하게 된다. 일이 힘들다면 거기에 대한 해결방법을, 관계가 힘들다면 관계 회복을 위한 방법을 찾아내는 시작이 될 수 있다. 답을 찾지 못해도 '그래, 너 이만큼이나 힘들었구나.' 하고 스스로를 다

독여줄 수도 있다.

사직서를 쓰면서 그 어떤 질문보다 중요한 것은 '지금 당장 이 회사를 떠난 후에 정말 후회하지 않을 수 있는가?'이다. 이 대답은 그 누구도 대신해줄 수 없다.

나를 불행하게 만드는 회사생활을 무조건 참으라는 게 아니다. 회사를 떠나는 게 최선인지를 생각해보라는 뜻이다. 무엇이 더 나은 선택일까? 회사에 몸담고 있으면서 문제를 극복할 방법은 없을까?

지금 이 순간에도 펜을 들고 퇴사를 고민하는 당신! 과감하게 사직서를 써보시길. 한참을 써내려가다 보면 어느 지점에서 당신이 찾던 답을 발견할 수 있을지도 모른다.

그렇다면...
남은 할부는 얼마?

 오랫동안 직장생활을 하다 보면 여러 가지 늪에 빠지게 된다. 야근지옥은 물론이고 월요병이나 죽이고 싶은 상사 역시 직장인이 겪게 되는 늪 중 하나다. 하지만 지금부터 이야기할 늪은 '카드 연체'다.

 '카드 연체의 늪'에 빠져 있던 그 시절, 소위 말하는 꽃다운 나이였던 나는 당연히 꾸미기에 관심이 많았다. 마치 오늘의 미모가 내일이면 져 버리기라도 할 것처럼, 참새가 방앗간에 드나들 듯 백화점을 찾아갔다. 퇴근 후 저녁 시간이나 휴일에 친구들과 회사에서 받는 스트레스로 끝없이 이야기꽃을 피울 정도로 스트레스를 많이 받았는데도 회사를 그만둘 수 없었다. 나도 모르는 사이에 깊디깊은 늪에 빠져버렸기 때문이다.

 이 깊은 늪에 빠지기 전까지 나는 백화점을 하루가 멀다 싶게 드나들긴 했지만 그래도 명품에 손을 대지는 못했다. 그곳만큼은 스스로 넘지 말아야 할 선이라고 생각했던 것이다. 그러나 한 상사의 부임은 내가 선을 넘는 계기가 되었다.

새로 부임한 상사는 암흑 같은 직장생활을 선사했다. 끝없이 반복되는 야근에 주말출근까지. 나는 그야말로 지옥 같은 하루하루를 보내며 스트레스를 발산하지 못해 터져버릴 지경에 이르게 되었다. 그런데… 그런 내 귀에 "스트레스를 받을 때는 명품 가방을 사면 풀린다."라는 말이 들려온 것이다! 처음 들었을 때는 '무슨 말도 안 되는 소리를… 설마 명품 가방을 산다고 스트레스가 풀리겠어?'라고 생각하며 흘려들었다. 그러나 더 이상 스트레스가 쌓이다 못해 폭발할 지경에 이르자 귓등으로 넘겼던 그 말이 다시 떠오르면서 '혹시나?' 하는 생각이 들었다.

백화점으로 달려간 나는 망설임 없이 명품 코너로 향했다. 그리고 가방 하나를 고른 뒤 당당하게 신용카드를 내밀었다. "12개월 할부로 해주세요!"라는 말과 함께. 그렇게 내 명품 쇼핑은 한 달 치 봉급이 넘는 가방으로 첫발을 내딛게 되었다.

처음으로 명품 쇼핑을 해본 나는 주변 사람들로부터 부러운 시선과 예쁘다는 칭찬을 한 몸에 받았다. '이 맛에 명품을 사는 거구나!' 하며 명품 쇼핑이 주는 맛을 제대로 느끼게 된 것이다. 명품을 들고 회사로 가는 출근길은 그야말로 꽃길이 따로 없었다. 딱 며칠 동안만.

시간이 지나자 여전히 출구를 찾지 못한 스트레스가 고스란히 쌓이기 시작했다. 그러나 절망에 빠져가던 나를 더 깊은 나락으로 떨어뜨리는 것이 있었으니… 그건 바로 집으로 날아온 카드명세서였다! 스트레스는 쌓여만 가는데 할부는 아직도 8개월 넘게 남았다니! 스트레스를 풀기 위해 산 명품이 오히려 스트레스의 근원인 회사를 그만둘 수 없게 하는 족쇄가 되어버린 것이다.

회사라는 이름의 지옥을 벗어나기 위해 사표를 썼다가는 신용불량자가 될 것이 뻔했다. 그러지 않으려면 당연히 어디든 새로 취직을 해야 할 테고, 그러면 결국 지금과 달라질 것 없는 반복… 아니, 신입부터 시작해야 하는 지금보다 더한 고난의 나날들이 펼쳐질 것이란 사실은 안 봐도 비디오였다. 결국 나는 '할부만 끝나면 회사를 그만두리라.' 다짐하며 이를 악물었다. 주말을 회사에 반납하고 열심히 회사로 출근하기 시작한 나는 결국 백화점 대신 한의원으로 얼굴도장을 찍으러 다니게 되었다. 스트레스가 풀린다는 말에 혹해서 사게 된 명품은 당시의 내가 감당하기에는 지나치게 무거운 가방이었던 것이다. 12개월 할부로 샀던 가방, 잠깐의 즐거움과 더 큰 스트레스를 안겨주었던 가방, 화려한 걸 좋아하는 내가 고른 금색 체인으로 도배된 그 가방은 실제로도 너무 무거웠다. 덕분에 나는 의사로부터 "무거운 가방을 한쪽으로 들고 다니지 마세요."라는 말과 함께 침 한 방을 맞아야 했고, 그후에야 명품 가방을 내 어깨에서 떼어낼 수 있었다.

스스로가 감당할 자격이 없었던 '명품 가방' 사건을 겪으면서 나는 "왕관을 쓰려는 자, 그 무게를 견뎌라."라는 말을 떠올렸다. 영국의 대문호 셰익스피어가 남긴 이 말은 명예와 권력을 상징하는 왕관에는 막중한 책임이 뒤따른다는 뜻이다. 그러나 나는 왕관(명품)의 무게를 견딜 수 없었다. 잠시 동안 왕관이 주는 부러운 시선과 기쁨을 누릴 수는 있었지만 그로 인해 생기는 무게를 감당할 준비는 되어 있지 않았던 것이다. 명품 가방을 구매하는 순간, "이제 더 이상 내게 스트레스란 없어!"라고 생각했던 것은 내 착각일 뿐이었다. 명품 가방을 산다는 것이 회사생활 자체를 변화시키는 것은 아니었으니까. 명품 가방만 들었을 뿐, 나는 똑같이 야근지옥과 주말출근지옥을 반복해야 했다. 거기다 할부명세서라는 혹을 하나 더 붙이게 된 꼴이었으니… 하하.

누군가는 내게 "스트레스를 풀 방법이 얼마나 많은데 왜 굳이 명품 쇼핑을 스트레스 해소법으로 선택했나요?"라고 물을지도 모른다. 작은 변명을 해보자면 나는 남들과 달리 내게 맞는 스트레스 해소법을 찾지 못했다. 술을 마셔서 푸는 사람들이 있지만,

나는 술을 마실 줄 몰랐다. 게임으로 푸는 사람들도 있지만 게임도 좋아하지 않았다. 운동으로 푸는 사람들도 있겠지만 내게 있어서 운동은 다이어트를 해야 할 때가 아니면 절대 하지 않는 일이었다. 그러니 명품 쇼핑이야말로 내게 딱 맞는 스트레스 해소법이라고 생각했던 것이다. 웃긴 사실은 이 일을 계기로 발급받게 된 백화점 VIP카드 덕분에 내 명품 쇼핑은 이후로도 쭉 계속되었다는 것이다.

깨달음은 깨달음이고 달콤함은 달콤함이었다. 나는 짧은 기쁨을 주는 마약 같은 명품 쇼핑을 끊을 수 없었다. 결국 나는 어제도 오늘도 새로운 명품을 구매하며 할부인생을 이어오고 있다. 짐작컨대, 내가 17년이나 회사생활을 할 수 있었던 데에는 이 할부인생이 크게 한몫을 했으리라. 지금도 나는 열심히 카드를 쓰고 그만큼 충실하게 회사를 다니고 있다. 마치 전당포에 인생을 맡겨놓은 사람처럼. 그러니 혹시라도 당신이 퇴사를 마음에 두고 있다면 한 가지 충고를 건네겠다. 명품을 살 때는 반드시 3개월 이내로 할부를 끊으라고.

우스갯소리처럼 들릴지 모르지만, 가끔 우리는 매우 다양한 방법으로 어려운 시기를 극복하곤 한다. 검소함은 현대인에게 중요한 덕목이지만, 인간은 완벽할 수 없기에 때때로 실수를 통해 성장하지 않던가. 물론 당신의 명품이 당신의 인생을 회사에 담보 잡히게 만들 수 있으므로 중독은 절대 금물이다. 나처럼 꽃다운 시절부터 할부인생을 시작해 중년까지 이어간다면 말 그대로 '늪'이 될 수 있다. 이러한 늪은 현재에 대한 고마움을 일깨워줄 때만 의미가 있다. 너무 힘들다면 잠깐 그 늪에 빠져보는 것도 나쁘지 않다. 그리고 금방 다시 돌아오면 된다. 현명한 당신이라면, 아마 그때쯤엔 과한 소비보다 힘든 상황을 정면으로 돌파해 극복하는 것이 낫다는 생각을 하고 있을 것이다.

퇴사 후
계획을 세워보자

직장인이라면 누구나 회사를 그만두는 상상을 해보았을 것이다. 막 입사한 병아리 신입사원이 아니라면 말이다. 대부분의 회사원들이 자기만의 '퇴직 후 미래'를 그려본다. 물론 입 밖으로 내뱉지는 못하고 머릿속으로 상상하는 데에 그치겠지만. 그 이유는 간단하다. 이직이든 자영업이든 어느 하나 만만한 게 없다는 사실을 다들 잘 알고 있기 때문이다.

누군가는 치킨집을, 또 누군가는 전혀 다른 직종으로의 이직을 꿈꾸듯 나 역시 회사를 그만두고 나만의 카페를 차려보고 싶다는 꿈을 꾼 적이 있었다. 내 손으로 꾸린 카페의 주인이 되어 잘생긴 알바생들과 즐겁게 일하는 삶을 그려보았던 것이다. 상사의 지시 따위는 없는 평화로운 근무시간과, 온종일 커피를 마시면서 책만 읽어도 되는 그런 자유로운 삶을.

당시 나는 '나만의 카페 차리기'에 매우 진지했다. 카페 이름을 무엇으로 하면 좋을까 심각하게 고민하는가 하면, 카페를 위해서 바리스타 자격증을 먼저 딸지 아니면 자기계발을 먼저 해야 할지 갈팡질팡하기도 했다. 그렇게 조금씩 조금씩 카페 차리기 계획을 세워나갔다. 나름대로 '이 정도면 되겠지?' 하는 생각이 들 정도의 계획을 세운 후에 엄마에게 은근슬쩍 말을 꺼냈다. 적어도 부모님께 말씀은 드려야 하지 않겠나 하는 생각에서였다.

　"엄마, 나 회사 5년만 더 다니고 카페 차릴까?" 그러자 내가 말을 꺼내기 무섭게 엄마는 "무슨 소리야? 10년은 다녀야지. 국민연금 나오잖아!"라고 말하는 것이 아닌가? 나는 그게 대체 무슨 소리냐는 얼굴로 엄마를 바라보았다. 멍청한 내 얼굴을 본 엄마는 "그게 노후라고 생각하고 10년은 무조건 다녀야지."라고 덧붙이셨지만 나는 여전히 고개를 갸우뚱한 채 엄마를 바라보았다. "국민연금이 뭔데?"라고.

　그랬다. 당시의 나는 연금이 뭔지도 모르는 철부지였던 것이다. 엄마는 황당하다는 표정으로 "넌 회사 다니는 애가 그런 것도 모르니?"라며 국민연금에 대해 설명해주었다.

[국민연금이란?]

정부가 직접 운영하는 공적 연금 제도. 국민 개개인이 소득활동을 할 때 납부한 보험료를 기반으로 나이가 들거나 갑작스런 사고나 질병으로 사망 또는 장애를 입어 소득활동이 중단된 경우, 본인이나 유족에게 연금을 지급함으로써 기본 생활을 유지할 수 있도록 해준다.

직장생활을 하는 근로소득자의 경우, 소득의 9%에 해당하는 금액을 본인과 회사가 각각 절반씩, 즉 4.5%씩 부담하게 되는데 이는 월급에서 원천징수된다. 반면에 자영업자 등 국민연금 지역가입자의 경우에는 본인이 9% 전액을 납부해야 한다. 납부된 국민연금은 국가가 운영하여 가입자가 노령, 장애, 사망 등으로 소득활동을 할 수 없을 때 기본적인 생활이 가능하도록 지급한다.

[알아두면 좋은 국민연금 상식]

① 노후에 연금을 받으려면 반드시 가입기간 10년을 채워야 한다. 60세가 되었을 때, 가입기간을 채우지 못했다면 임의계속가입을 해서 기간을 채운 뒤에 연금을 받을 수 있다.

② 가입기간이 길고 소득이 높을수록 연금액이 많아진다. 젊을

때부터 시작하여 가입기간을 20년 이상 늘려야 노후에 실질적
으로 보탬이 되는 연금을 받을 수 있다.
③ 부부가 함께 가입해서 각자의 연금을 받는다면 훨씬 안정된
노후생활을 할 수 있다. 전업주부와 같이 소득활동을 하지 않
는 경우에는 임의가입을 할 수 있다.

여기서 가장 중요한 사실은 반드시 10년의 납입기간을 채워야
만 연금이 지급된다는 것이다. 그렇게 국민연금에 대해 알게 된
나는 '5년 후 카페 차리기'라는 꿈을 완전히 접고 회사에 충성을
다하기로 다짐했다. 특히나 계획을 접기로 마음먹는 데에 큰 부
분을 차지한 것은 '직장인들은 회사에서 절반을 부담해주지만 자
영업자는 전액을 납입해야 한다.'는 부분이었다. 회사가 내게 주
는 큰 혜택을 굳이 버릴 필요는 없겠다는 생각이 들었던 것이다.
그날을 계기로 '무조건 10년은 다녀야지.'라고 다짐한 나는 현
재 17년차 직장인이 되었고, 국민연금만 가지고는 은퇴 후에 원
하는 삶을 살 수 없다는 사실까지 아는 중년의 사회인이 되었다.
그렇다. 냉정하게 보면 국민연금만 가지고 개인이 원하는 생활
을 누리는 것은 불가능한 게 사실이다. 그러므로 국민연금만 믿
고 은퇴 설계를 하지 않았다가는 나중에 곤란한 상황에 처할 수
있다. 회사를 10년 이상 다니더라도 은퇴 후의 미래를 늘 그려보

아야 하는 이유다. 내 계획은 뭐냐고? 카페 차리기를 포기한 대신, '최대한 오랫동안 직장을 다녀서 국민연금 최고 수령액 받기'로 계획을 변경했다. 그리고 그 계획을 현재도 착실하게 실행 중이다.

사회초년생들 대부분이 예전의 나처럼 국민연금이 뭔지 제대로 모를 뿐 아니라 확실한 목적도 없이 회사를 다니고 있다. 그러나 그래선 안 된다. 본인이 왜 회사를 다녀야 하는지, 회사를 오래 다니면 어떤 이점이 있는지 알아야 한다. 문제는 이런 부분들을 친절하게 설명해주는 사람이 딱히 없다는 것이다. 많은 젊은이들이 이른 퇴사와 방황을 겪게 되는 이유가 여기에 있다. 잘 모르니까 눈앞에 보이는 게 전부라고 생각해서 섣부른 판단을 내리게 되는 것이다.

당신이 회사가 아닌 다른 곳에 명확한 뜻이 있다면 회사를 그만둬도 좋다. 그러나 만약 다른 뚜렷한 목표가 없다면, 반드시 10년의 회사생활을 채우는 것을 목표로 삼길 바란다. 얼마나 더 직장생활을 해야 할지 고민되는가? 월급명세서에 나와 있는 국민연금을 체크해보자. 분명 도움이 될 것이다.

10년이라는 장기근무가 주는 보상은 결코 적지 않다. 아무리 미운 상사라도 10년 후면 퇴직하고 없을 것이다. 국민연금을 손에 쥐게 되었으니 언제든 원하는 때에 그만둬도 된다는 심리적인 안정감도 생긴다. 이 두 가지는 직장생활에서 굉장히 큰 부분이다. 나만 하더라도 10년을 채운 시기를 기점으로 훨씬 평온한 회사생활을 이어오고 있으니까.

17년차 직장인으로서, 지난 경험을 바탕으로 확신을 갖고서 충고하고 싶다. 멀리 내다보아야 한다. 당신이 사회초년생이라면 더더욱. 어쩌면 이는 긍정적인 부분을 얼마나 볼 줄 아느냐의 차이일지도 모르기 때문이다. 회사는 생각보다 훨씬 더 많은 혜택들을 당신의 인생에 줄 수 있을지 모른다.

실은 나도
바람피운 적 있다

많은 직장인들이 적성에 맞지 않는 일을 하며 살아간다. 개중에는 이직을 생각하는 사람도 있을 것이고, 퇴사 후 사업을 생각하는 사람도 있을 것이다. '다른 길을 찾아봐야 하는 거 아닌가?' '계속 이 회사를 다니는 게 정말 내게 최선일까?'라는 생각이 비단 혼자만의 고민은 아니리라. 이 세상 직장인의 절반 이상은 고뇌에 고뇌를 거듭하면서도 출근과 퇴근을 그만두지 못하고 있을 것이다. 그렇다면 과연 우리가 적성에 맞지 않는 일을 그만두어야 할 시기는 언제일까? 회사의 끝, 회사생활의 종착지는 어디일까?

15년 전, 나름대로 평범한 회사생활을 보내고 있었던 나. 그러나 별일 없어 보이는 겉모습과 달리 수많은 고민들이 쉴 새 없이 나를 괴롭히고 있었다. 나는 어린 시절의 꿈을 완전히 버리지 못한 상태였다. 어린 시절부터 선망하던 꿈! 그건 다름 아닌 연예인이었다. 꿈 많던 소녀시절 '회사를 다니는 평범한 삶'은 상상조차 해본 적이 없었다. 그 소녀는 가슴 한구석에서 '난 언젠가 화려하게 데뷔할 거야! 반드시 그렇게 될 거야!'라며 여전히 혼자만의 외침을 계속하고 있었다. 문제는 이런 나를 말리는 사람이 주변에 없었다는 거다. 오히려 "그래, 까짓 거 도전해보는 거지!" "야, 넌 잘할 거야!" 하고 격려해주는 사람들만 가득했다.

　누구 하나 말리는 사람이 없었으니 결과는 뻔했다. 나는 기어코 꿈을 이루겠다는 그 시절 그 소녀의 목소리를 따라 혼자만의 희망찬 도전에 나서게 되었다. 부푼 마음으로 도전의 발걸음을 내딛게 된 나는 회사와는 전혀 다른 상상들로 행복한 고민에 빠지기 시작했다. '연기 학원부터 다녀야 하나?' '아니지, 오디션부터 보는 거야.' '비주얼은 이대로 괜찮으려나? 어디 손 좀 봐야 하나?' 혼자만의 세상에 흠뻑 빠져 있던 그때, 내가 가장 궁금했던 것은 바로 'TV에 나올 내 모습'이었다. '과연 내가 이 얼굴로 연기를 해서 먹고살 수 있을까?'라는 질문에 대한 답을 찾고 싶었다. 그렇게 회사를 두고 나는 두근거리는 첫 바람을 피우게 되었다.

평일을 평범한 회사원으로 보낸 뒤 주말이 되면 이른 새벽 첫 차에 몸을 싣고 여의도로 향했다. 가끔은 나의 베스트 드라이버 인 어머니가 운전해주시는 차로 이동하며, 화려한 연예인이 될 그 날을 열정적으로 꿈꿨다. 평일은 회사로, 주말은 엑스트라 아르바이트로 바쁜 일상을 보냈다. 그러나 이런 열정적인 노력과 달리 연예인이 되는 길은 험난하기만 했다. 금방이라도 얼굴이 나올 거라고 생각했지만 나는 매주 지나가는 사람으로만 나왔던 것이다. 그렇게 아쉬운 나날들을 견뎌내던 어느 날, 나는 기회를 붙잡을 수 있었다. 갑작스럽게 단역배우 한 분이 현장에 올 수 없다는 것이 아닌가!

'지금이 바로 하늘이 주신 기회다!' 하는 생각으로 번쩍 손을 들며 "저요!"라고 소리쳤다. 기회를 잡은 나는 현장에서 급히 대사를 외우고 주연배우와 촬영할 수 있었다. 그렇게 처음으로 정면 샷을 찍는 데 성공했다. 나는 인생역전의 기회를 잡은 것이 너무나 기뻤다. 그때만 해도 몰랐다. 이 일이 다시 회사에 충실 하게 만들어주는 계기가 되리라는 것을….

나뿐만 아니라 우리 가족들 역시 내 '정면 샷'이 방송될 그 날을 손꼽아 기다렸다. 그리고 며칠 뒤, 드디어 기다리고 기다리던 '그날'이 왔다. 내 얼굴이 TV에 나오는 날! 처음으로 TV 속의 내 얼굴을 보게 된 순간! 나를 포함해서 우리 가족들 모두 비명을 지르며 입을 틀어막았다. 마치 터지기 직전의 찐빵 같은 얼굴이 화면을 가득 채우고 있는 게 아닌가! 친구들은 "드라마 찍는 다더니 개그하러 간 거야?"라며 배꼽이 빠지게 웃어댔다. 그리고 나는 곧장 결심했다. '회사에 뼈를 묻어야겠다!'

미련 없이 방황해보자

직장인으로서의 일과도 만만치 않았지만 잠시 경험해본 방송일도 결코 쉽지 않았다. 특히 시간적인 부분들이 굉장히 힘들었다. 촬영이 시작되는 시간이 새벽이었는데 끝나는 시간도 새벽이었다. 게다가 중간 중간 대기하는 시간도 길었다. 말 그대로 끝이 나기 전까지는 언제 끝날지 알 수 없는 일이 바로 촬영이었다. 그러나 회사는 규정상 9시에 출근해 6시에 퇴근한다. 어쩌다 이른 출근과 야근이라는 변수가 있지만 규칙적인 생활을 뒤집어버릴 정도는 아니다. 나는 '회사를 다니면 규칙적인 하루하루를 보낼 수 있다'라는 것을 새삼 깨달으며 다시 충실한 직원으로 되돌아갔다. 하지만 내 바람기는 여기서 끝나지 않았다.

내게 불어온 두 번째 바람은 작곡가였다. '음악을 좋아하니 작곡가가 되어보리라.'라는 꿈을 꾸며 유명한 음악학원에 등록을 한 것이다. 당연하게도 작곡가가 되는 일 역시 연예인이 되는 것만큼이나 만만치 않았다. 피아노는 기본 중의 기본이었고, 악보 보는 법도 제대로 배워야 했다. 학원을 다니기 시작하고 얼마 지나지 않아서 깨달았다. '아, 내 노래는 퇴사를 해도 만들어지지 못하겠구나….' 게다가 뜻하지 않은 소개팅으로 만난 남자와 사랑에 빠지면서 작곡가의 꿈을 잠시 내려놓게 되었고, 그리고 시간이 흘러 결혼을 하면서 '작곡가가 되면 회사를 그만둬야지.' 하는 생각을 완전히 버리게 되었다. 나는 다시 평범한 회사원으로서의 삶에 충실하게 된 것이다.

만약 내가 소개팅을 하지 않았다면, 그래서 그 남자와 사랑에 빠지지 않았다면 지금 작곡가가 되어 있었을까? 솔직한 내 대답은 '그렇지 않다.'이다. 입사하기 전 내 모습을 떠올려보았다. 꼭 입사하고 싶어 면접 보기 전에 회사 홈페이지에 있는 회사소개와 연혁을 줄줄이 외우면서 잠자리에 들던 나. 어떤 옷을 입고 어떤 표정을 짓고 어떻게 말해서 점수를 딸까 밤새 고민했던 나. 이 회사 역시 내가 그토록 간절히 원하던 꿈이었다.

그러나 '회사원으로 살 것인가'를 놓고 했던 두 번의 방황에는 미련이 없다. 왜냐고? 회사생활을 통해 프로가 되는 것도 나의 꿈이니까. 그리고 그 꿈을 이루고 싶은 내 마음을 확인했으니까.

물론 그 길 역시 배우나 작곡가가 되는 만큼 힘든 과정이 따르겠지만 후회하지 않는다. 그리고 생각한다. 방황이라는 소중한 시간이 없었더라면, 나는 여전히 썩어 들어가는 속과 머리를 부여잡고 고통스럽게 회사를 다니고 있었을지 모른다고.

지금 다니고 있는 회사가 적성에 맞지 않는 것 같은가? 마음속에 자꾸 다른 꿈이 떠오르는가? 더 나은 회사 혹은 더 나은 길이 있지 않을까 고민되는가? 그렇다면 잠깐 바람을 피워보길 권한다. 내 꿈이 무엇인지를 찾기 위해 과감하게 시간을 투자해보시라. 그리고 충분히 그 길에 대한 열정과 재능을 점검해보시라. 만약 이 길이 아니라고 생각되면 과감히 돌아오자. 당신은 당신의 삶을 온전히 누릴 자격이 충분하므로.

악으로 깡으로 1년만 버티면
비로소 보이는 것들

수많은 직장인들을 만났지만 나만큼 야근을 싫어하는 이는 보지 못했다. 한때 나는 '야근을 하지 않을 수 있는 방법'에 대해 논문을 쓰라 해도 쓸 수 있을 정도로, 야근을 피하기 위해 갖은 수를 썼다. 그러나 정규직이 되기 전에는 야근을 피할 방법은 없었다. 야근이란 놈은 하면 할수록 더 적응이 힘든 놈이었다.

17년 전 어느 날, 창밖은 어느새 깜깜한 밤이 되어 있었지만 사무실의 환한 불빛은 "제2의 아침이야. 다시 시작해!"라고 하듯 나를 강렬하게 비추고 있었다. 졸린 눈을 비비며 시계를 보니 아직도 9시. 마치 자석에 붙은 듯 자리를 지키고 앉아 있는 상사. 언제 10시가 되고 또 11시가 되나 하는 생각에 미쳐버릴 것 같은데 시간은 더 이상 흘러가지 않을 것처럼 보였다.

17년 차가 된 지금도 세상 사는 법을 잘 모르는데 그땐 오죽했을까. 회사생활에 대한 기본 개념도 없던 나는 주어진 시간 외에 일을 해야 하는 그 시간들이 마냥 싫었다. 그땐 주6일 근무에 매일 반복되는 야근이 기본이었기에 회사생활이 곧 내 삶이었다. 회사에 안 가는 일요일만이 유일한 삶의 낙이었다. 일요일에만 '살아 있는 사람'으로 살고 나머지는 좀비처럼 살았던 것 같기도 하다.

저녁 7시. 회사 1부 끝, 2부 시작. 다시 시작된 회사의 아침은 분주하다. 자연스레 선배들과 상사들의 저녁 메뉴를 주문받고 또다시 컴퓨터 앞에 앉아 퇴근을 기다린다. 그 시간을 버티는 것도 고통스러운데 내게 더 큰 고난의 시간은 따로 있었다. "뭐 먹을까?"에 대한 돌림 질문의 끝이 항상 내게 왔다는 것. "막내인 네가 정해." 그러면 나는 조심스럽게 "저어… 순두부찌개 먹을까요?" 하고 말했고, 그러면 "낮에 먹었어." "난 매운 거 싫어." 등등의 대답이 돌아왔다. '아, 어쩌라고! 미리 말을 하든가!' 하고 말하고 싶었지만 목구멍 밑으로 밀어 넣고 "그럼 뭐로 할까요?" 하고 웃으며 물었다. 겨우겨우 메뉴를 정해 주문을 하지만 나는 무슨 죄로 정답을 못 맞히는 사람처럼 그 볼멘소리들을 다 듣고 있어야 한단 말인가. 그때 그 기억 때문인지 지금도 나는 누가 "뭐 먹을래?" 하고 물어보면 "나는 돈가스 정식!" 하고 똑 부러지게 말을 해준다. 절대 메뉴 검색의 짐을 떠안기지 않겠다는 생각에서다.

그렇게 야근을 하면서 깨달은 사실은 하루가 생각보다 길다는 것. 인간은 4시간만 자고도 살 수 있게 만들어졌다는 것. 야근을 해야만 내가 이 조직의 구성원으로서 인정을 받을 수 있다는 것이었다. 그리고 또 하나, '정시 퇴근'은 정말 감사한 거구나, 하는 것.

지금도 야근은 싫어한다. 하지만 돌이켜보면 정규직과 승진, 업무력 향상, 팀워크 등 다양한 목적을 위해 야근까지 하며 고군분투했던 시간이 내게 가져다준 것은 생각보다 많았다. 회사생활을 오래 해본 사람들은 알겠지만 조직생활에서 중요한 건 업무 능력뿐만이 아니다. 인간관계도 중요하다. 일이 힘들어서 관두는 사람보다 관계가 틀어져서 나가는 사람을 더 많이 보았다. 그런데 야근을 하다 보면 인간관계를 무마할 여러 기회가 생긴다.

첫째는 사람들과의 친분이다. 낮에는 처리해야 할 업무에 치중하느라 이야기 한번 제대로 못 나눴던 사람들과도, 야근 식사시간에 이런저런 속 이야기를 나눌 수 있었다. 아무래도 지친 상태일 테니 업무보다는 개인적인 이야기를 터놓기 마련이었다. 그러면 몰랐던 사람들의 속사정도 알게 되고, 이해와 공감의 폭도 넓어진다. 실제로 야근을 하다 눈이 맞은 사내 커플들이 많다는 이야기도 있다.

둘째로, 야근 때 일을 하면 낮에 일하는 것보다 점수가 후하다는 것이다. 적절한 타이밍에 선배들의 일을 서포트하게 되거나 작은 서비스로 좋은 인상을 심어줄 수 있다. 이렇게 쌓은 정은 나를 단순한 '직장 후배'가 아니라 '이상하게 정이 가는 동생'으로 만들어주는 기회로 이어지게 된다.

셋째로, 야근하는 시간을 상사에게 그동안 궁금했던 것들을 물어보고 어려운 업무들을 배워가는 시간으로 활용할 수 있다. 야근도 어쨌든 업무의 연장이다. 그래서 처리하지 못한 업무 때문이 아닌 다른 이유로 야근을 하고 있는 상사들도 많다. 그럴 때 질문을 하고 도움을 요청하면 서로에게 매우 유익한 시간이 될 수 있다. 나 역시 당시 그런 경험을 통해 열정적인 직원으로 인정받게 되었다.

넷째로, 상사들의 사정을 파악하는 시간이 될 수 있다. 우리가 싫어하는 상사들 역시 야근을 달가워하지 않는다. 하지만 저마다의 사정은 있기 마련이다. 차가 막히는 시간을 때운다든가, 사모님의 잔소리 폭격을 피하기 위해서라든가, 낮에 일 안 하고 있다가 꼭 저녁에 몰아서 하는 버릇이 있다든가, 아이들의 케어가 귀찮아 회사 핑계를 댄다든가…. 어쨌든 야근을 하는 동안 그들을 충분히 파악할 수 있다. 나에게 있어서는 이런 것들도 결과적으로는 회사생활에 큰 도움이 되었다. 인간관계에선 언제나 '서로를 이해하는' 과정이 필요한 법이니까.

'메기 효과'라는 말이 있다. 미꾸라지 떼가 있는 곳에 메기 한 마리를 넣으면 미꾸라지들이 메기를 피하려고 빠르게 움직이며 활동성을 유지하는 것을 기업 경영에 비유해 이르는 말이다. 나는 이 강력한 메기 효과 같은 야근 시간들을 잘 견뎠다. 그러자 어느 순간부터 선배들의 눈빛만 봐도 메뉴를 고를 수 있게 됐으며, 때로 그 메뉴가 마음에 들지 않아 구시렁대는 선배들에게 "오늘은 그냥 이걸로 드세요."라고 말할 수 있을 정도가 되었다. 누가 왜 야근을 하는지, 지금 무슨 생각으로 무엇을 하며 이 시간을 버텨내고 있는지, 어느 타이밍에 "들어가세요."라고 말해주길 기다리는지도 파악이 되었다. 누구에게 어떤 사정이 있는지, 어떤 위로와 격려의 말이 필요한지, 그걸 어떤 식으로 전달해주는 게 좋을지도 알게 되었다. 언니가 되고 선배가 된 지금 나와 비슷한 후배들을 볼 때면 웃음이 난다. 저 시간들이 결국 회사생활에 필요한 센스를 키워주고, 자신을 위해 주어진 시간을 어떻게 써야 할지를 고민하게 만들어주고 있다는 게 보이니까.

회사를 그만두는 건 쉽다. 하지만 만약 그 쉬운 일을 망설이고 있다면 그 이유는 무엇일까? 회사생활이 내게 가져다주는 달콤하거나 필요한 무언가가 있기 때문일 거다. 17년 가까이 한 회사에 있어 보니까 그게 뭔지 알 것 같다. 만약 순간적인 힘듦을 버티지 못하고 튕겨 나갔더라면, 나는 다양한 종류의 메기들 속에서 또 다른 스트레스들로 힘들어하고 있었을 것이다. 살면서 우리는 반드시 거쳐 가야 할 힘든 순간을 만난다. 그때마다 박차고 나갈 수는 없다. 피하고 피하다 보면 언젠가 막다른 골목에서 더 큰 폭탄을 만난다. 그렇다면 조금 더 지혜로워지자. 야근이 됐든 회식이 됐든, 아니면 나의 자유시간을 좀먹는 다른 업무가 되었든…

그 모든 것을 무작정 견디라는 게 아니다. 그 시간들이 나에게 가져다줄 이익이 무엇인지 생각해보라는 것이다. 너무 흔한 말이지만 노력은 절대 우리를 배신하지 않는다. 먹고살기 위해 취직을 했지만, 우리는 그 일을 통해서 조금 더 나은 삶을 살게 되기를 원한다. 일을 못 하는 사람이 아니라 잘하는 사람이 되기를, 인간관계에 서투른 사람이 아니라 원만하게 상생하는 사람이 되기를 원한다. 어차피 들여야 할 시간이라면 내게 필요한 시간으로 바꾸자. 나를 너무 혹사시키지 않는 방법은 늘 필요하다. 그렇지만, '억지로 버티기'보다는 '효율적으로 버티기'가 훨씬 행복에 가깝다는 사실을 잊지 말자.

자기계발의 끝판왕,
글쓰기

　나는 자기계발이 미래를 위한 준비이자 퇴사를 위한 것이기 때문에, 꼭 필요하다고 생각해 왔다. 매년 1월이면 어김없이 자기계발 목표를 세웠다. 하지만 퇴근 후 업무 외에 다른 시간을 내기는 쉽지 않았다. 그냥 뻗어버릴 때도 많았으니까. 그러다 보니 오롯이 나 자신을 위해 하는 노력은 자꾸 미루게 되었던 것 같다. 자기계발은 미래를 위한 준비과정만은 아니다. 자기계발은 현재와 미래를 잇는 것이고, 현재의 삶을 지키며 더 나은 미래를 준비하는 과정이다. 퇴사가 자기계발의 마지막이 될 수 없는 이유다. 회사에서도 자기계발에 지원을 아끼지 않는 이유가 그것이다. 더 나은 내가 되어야 회사에도 더 큰 기여를 할 수 있으며, 그렇게 나아져야 개인적으로도 더 나은 미래를 도모할 수 있기 때문이다.

내 자기계발의 시작은 책이었다. 책은 쉽게 접할 수 있다는 장점이 있다. 그러나 단점도 있다. 책을 읽을 때는 좋은 지식과 정보를 많이 얻고 깨달음도 얻지만, 시간이 지나면 그 모든 게 잊힌다는 점이다. 정작 필요한 순간에는 하나도 기억나지 않기도 한다. 그래서 어느 순간부터 공부하듯이 독서하기 시작했다. 펜으로 줄을 긋고 중요한 문장에 형광펜을 칠하고 내 생각을 메모하면서 읽어보니 확실히 달랐다. 단순히 읽는 게 아니라 다른 사람과 생각을 공유하는 느낌이었다. 새로운 것을 배우고 공부하는 재미가 쏠쏠했다. 게다가 내 생각을 메모하다 보니 나도 모르게 글쓰기까지 하고 있었다.

조금만 더 일찍 이러한 자기계발을 시작했다면 얼마나 좋았을까. 아쉽게도 이 재미를 모른 채 미루고 미루다 결혼을 한 뒤 아이를 낳고 마흔이 가까워져서야 시작을 하게 되었다.

다른 집들을 보면 아이를 낳은 지 얼마 되지 않아 자기계발을 한다는 건 엄두도 못 낼 일이었다. 그렇지만 나는 낮잠을 잘 자주었던 효자 아들 덕분에 가능했다. 아들이 자는 사이 한 권 한 권 책을 탐독하다 보니 나 자신도 들여다보게 되고, 내가 하고 있는 일도 다시 생각해보게 됐다. 그러자 그 생각들을 좀 더 긴 글로 정리하고 싶어졌다. 이것이 또 다른 자기계발이 될 수 있겠다는 생각도 들었고. 특히 17년이나 한곳에 머물렀던 나의 회사생활 이야기를 책으로 정리해보면 어떨까 싶었다. 혹여 얼마 남지 않았을지도 모를 회사생활을 기념할 수도 있고(이렇게 생각하니 갑자기 서운하지만), 또는 40대로의 진입을 앞두고 있는 나 자신에게 주는 선물이 되지 않을까 싶은 마음에 도전해보기로 했다.

불혹을 기념해보고자 시작된 나의 글쓰기는 17년 동안 계속된 회사생활의 마침표가 되어줄 듯하다. 최소한 다른 인생을 살아볼 수 있는 귀한 시간이 되지 않을까? 좀 더 성장하는 나를 위한 채찍질이기도 하다. 글을 쓴다는 것 자체가 무척 힘이 드는 일이니까. 일이 힘들 때, 인생이 허무하다고 생각될 때, 아무도 명확한 답을 주지 못했을 때, 나는 책을 읽었다. 그리고 그 해답들을 혼자 찾아보기 위해 볼펜을 끄적거렸다. 지금까지 나는 누군가의 도움을 받으며 스트레스를 풀곤 했다. 하지만 이제는 타인의 도움 없이도 회사생활의 스트레스를 혼자 치유할 수 있게 되었다. 글쓰기 덕분이다.

말은 하면 할수록 에너지가 소모되고, 같은 말이 반복되면 스트레스가 가중된다. 그러나 글쓰기는 다르다. 글쓰기는 스트레스를 극복할 수 있는 힘을 길러주었고, 회사생활을 지속할 수 있는 동기가 되어주었다.

밤 11시
그리고 새벽 1시

언젠가 책을 쓰고 싶다고 친정엄마에게 이야기한 적이 있다. 그런데 친정엄마는 이렇게 말했다. "애 엄마가 무슨 책이야, 애나 잘 키워!" 물론 나를 걱정하는 마음에 하신 말이었겠지만, 그 말에 문득 '애 엄마는 꼭 애만 키워야 하나?' 하는 생각이 들었다. 오히려 책을 쓰는 과정을 통해 아이를 더 잘 키울 수 있다는 것을 보여주고 싶은 오기가 생겨났다. 그 결과는 성공적이었다. 내가 책을 보면 아이도 책을 보고 내가 펜을 잡으면 아이도 펜을 잡았다. 그 모습에 더더욱 글쓰기에 매진할 수 있었다. 공부하는 엄마, 노력하는 엄마, 삶을 즐기며 아이와의 행복에 더더욱 감사하는 엄마를 보여주기 위해서.

보통 퇴근 후에 육아를 마치고 나면 밤 11시가 돼서야 온전한 자유를 만끽할 수 있다. 그때마다 홀로 맥주를 마시며 TV를 보는 게 유일한 낙이었지만, 나의 갈증은 늘 해소되지 않았다. 그 시간이 허무하게 느껴지는 날도 있었다. 그래서 나만의 자유 시간을 행복의 시간으로 바꿔보기로 했다.

밤 11시부터 새벽 1시, 이 시간을 무조건 나 혼자만의 시간이자 글을 쓰는 시간으로 정했다. TV를 켜지 않고 노트북에 나의 손을 의지한 채 글을 쓴다. 그 후에 맞이하는 새벽 1시는 항상 꿀맛 같았다. 드디어 달콤한 잠을 잘 수 있는 시간이기에. 나는 자신과의 다짐으로 새벽의 고요함과 잠의 소중함을 오랜만에 느낄 수 있었다. 학창시절에 이런 마음가짐으로 공부를 했었더라면 아마도 다른 회사에 다니고 있었겠지? 이렇게 오래 다니고 있을지는 장담 못하겠지만 말이다.

새벽이 주는 고요함 속에서 인생을 조용히 돌아본다. 나의 부족함을 반성하고 내 감정과 생각들을 침착하게 글로 정리함으로써 스스로를 표현해본다. 글을 쓰는 내내 졸리고 힘들어도 버틴다. 그 힘은 내가 다른 어려움 앞에서도 버틸 수 있는 힘이 되어줄 것이니. 지금 회사에서 이렇게 지독하게 버티고 있는 것처럼 말이다.

현재와 미래를 위한 글쓰기! '존버' 언니는 당신의 글쓰기를 기대해본다. 분명 그 시간이 당신을 또 다른 삶으로 이끌어줄 것이다.

2장

상사는 선택할 수 없다

또라이 질량보존의 법칙

힘들다면 빨리
백기를 들자

'또라이 질량보존의 법칙'이라는 말을 아는가? "또라이 때문에 힘들어서 다른 부서로 옮기면 거기에는 더 무시무시한 또라이가 있기 마련이고, 만약 또라이가 없어서 살 만하다면 십중팔구 본인이 또라이라는 뜻이다."라는 우스갯소리다. 그러나 소름 돋게도 정말 이 '또라이 질량보존의 법칙'이 가장 잘 들어맞는 조직이 있으니⋯ 바로 회사다. 이 법칙을 준수하는 상사 또는 동료 때문에 지금 이 순간에도 수없이 많은 직장인들이 피눈물을 흘리고 있다.

나 역시 회사생활을 하면서 많은 상사들을 겪었다. 매일을 살얼음판 걷는 느낌이 들게 만들던 상사, 자존감을 상실하고 일상을 무기력하게 보내도록 만들어주는 상사, 앞에 마주서기만 해도 긴장해서 벌벌 떨게 만드는 상사, 휴대폰에 전화번호가 뜨면 한여름인데도 등골이 서늘해지는 그런 기분을 느끼게 해주던 그런 상사들.

　사직서를 쓰게 된 계기가 된 날도 그랬다. 자칫 숨소리라도 크게 낼까 봐 쥐죽은 듯 일하던 어느 날, 갑자기 터진 상사의 불호령이 내 심장을 때렸다. 그의 호통 소리를 듣자마자 내 머릿속에는 '아, 오늘이 내 제삿날이구나.' 하는 생각이 들었다. 그리고 결심했다. 회사를 그만두든지 발령을 받든지 둘 중 하나를 택해야겠다고. 무슨 수를 써서든 다시는 그와 마주치지 않는 방법을 찾기로 한 것이다.

　눈물 젖은 사직서를 작성하면서 나는 '사람다운 삶을 살 것인가, 아니면 참고 견디며 회사에서 죽을 것인가?'를 두고 한참을 고민했다. 밤새 고민하며 적은 사직서를 다음날 그에게 내밀며 "그만두겠습니다"라고 하려고 했지만 "발령을 내주시면 좋겠습니다."라고 본심을 말했다. 나도 모르게 튀어나온 진심이었다. 그리고 정말로 며칠 뒤에 발령을 받았다.

　그랬다. 내가 내린 답은 '무조건 피하는 게 상책이다!'였던 것이다. 그리고 이 해결책은 옳았다. 발령을 받은 뒤, 나는 그 상사를 보지 않고 근무할 수 있다는 것 하나만으로도 감사한 회사 생활을 할 수 있게 됐으니까. 해 뜨는 게 두렵던 하루를 벗어나게 된 나는 몇 년은 더 너끈히 다닐 수 있겠다는 마음으로 회사생활을 다시 시작할 수 있었다. 만일 그때 내가 사직서를 쓸 용기가 없었다면 어떻게 됐을까? 다른 곳으로 발령을 내달라는 말을 못했다면? 그리고 나의 진심어린 용기를 너그럽게 받아주신 감사한 상사가 아니었다면, 짐작컨대 17년차 직장인이 된 지금의 나는 없었을 것이다.

본인이 견딜 수 있는 고통의 크기는 본인만 안다. 그러니 억지로 그 고통을 참다가 회사생활은 물론이고 마음까지 다치는 일이 없도록 하자. 피할 수 있다면 무조건 피하는 것이 상책이다. 나는 몇 명의 상사를 겪은 뒤에야 그것을 깨달았다. 이해하고 견디는 것만으로 모든 일을 극복할 수는 없다는 것을.

백기를 들게 만드는 직장상사를 마주하게 된다면 답은 하나다. 피해라. 무슨 수를 써서라도 피해라. 뜻이 있는 곳에 길이 있고 무너진 하늘에도 솟아날 구멍은 있다. 때로는 도망치는 게 가장 좋은 선택이 될 수 있다.

최고의
반면교사

우리는 앞서 살아간 사람들의 발자취를 스승으로 삼아서 살아간다. 회사생활도 마찬가지다. 나의 길을 먼저 걸어간 선배들을 통해 배움으로써, 더 나은 직원이 되어 어제보다 편안한 회사생활을 해나갈 수 있다. 그러나 이번에 내가 이야기하고자 하는 건 '반면교사'다.

나는 17년이라는 시간 동안 수많은 직장상사들을 겪었고, 그들을 통해 많은 것을 깨달았다. 선배나 상사들의 부정적인 부분들을 보면서 '나는 절대 저러지 말아야겠다.'라고 다짐했던 게 회사생활에 더 도움이 되었다. 그들이 내게 보인 행동들을 따라하지 않은 덕분에 오래 다닐 수 있었던 것이다.

"내가 저런 행동만 하지 않아도 10년은 더 회사를 다닐 수 있겠구나." 하는 생각이 들게 만드는 상사들의 말과 행동은 최고의 반면교사였다.

취업포탈 '사람인'이 직장인을 대상으로 한 설문조사 결과를 참조한

〈최악의 직장상사 베스트 5〉

1위 오리발형(19%)

　　책임을 떠넘기거나 발뺌하는 유형

2위 감정기복형(14%)

　　감정적으로 일을 처리하거나 감정의 변화가 심한 유형

3위 열정페이 강요형(12%)

　　야근 등 직원들의 희생을 당연하게 여기는 유형

4위 개저씨형(11%)

　　부하 직원에게 갑질과 폭언, 성희롱을 일삼는 유형

5위 꼰대형(10%)

　　"나 때는 이랬어"라며 훈계하고 자기 기준을 강요하는 유형

우리 주변에서 흔히 볼 수 있는 상사들의 모습들이다. 이들의 행동들을 반도 따라하지 않는다면 더 멋진 회사생활을 더 오래 할 수 있을 거라 확신한다. 삶과 세상을 통해 배우겠다는 마음만 있다면 모든 것은 나의 스승이 될 수 있다. 때때로 우리는 모델이 될 만한 사람이 아니라 절대 배워선 안 될 사람들을 보며 성장하기도 한다.

상사에게 산뜻하게
복수하는 법

직장에서 상사가 주는 스트레스는 저 하늘의 별처럼 다채롭다. 본인이 하기 싫은 업무 떠넘기기부터 사적인 심부름 시키기, 쓸 데도 없고 쓸모도 없는 조언 늘어놓기, 지위를 이용해서 일 부당하게 처리하기 등등….

직장인이라면 〈쇼 미 더 머니〉에 나온 래퍼처럼 순식간에 열댓 개는 나열할 수 있으리라. 문제는 이거다. 아랫사람들은 이 스트레스들을 대체 어떻게 해소해야 할까? 아니, 조금 더 직설적으로 이야기해보자. 저 스트레스 생산기들에게 어떻게 복수를 하는 게 좋을까?

오랜 직장생활을 해온 나 역시 '복수를 해야 하나? 아니면 참아야 하나?' 고민했다. 때로는 실제로 복수를 감행하기도 했다. 그때 느끼는 통쾌함은 비록 짧아도 속이 뻥 뚫리는 시원함을 안겨주더라. 실제로 리서치패널코리아 '패널나우'라는 온라인 리서치 업체에서는 '상사에 대한 복수'를 주제로 리서치를 한 적이 있다. '내가 상사에게 하는 소심한 복수는?'이라는 질문에 대해서 다음과 같은 답변들이 순위에 올랐다.

1위 인사 안 하기

2위 은근슬쩍 반말하기

3위 중요한 말 전달 안 하기

4위 술 마시고 꼬장 부리기

5위 한 손으로 물건 건네기

6위 상사가 먹을 음식에 더러운 짓 하기

7위 연락 오면 무시하기 or 말 걸면 못 들은 척 하기

어떤가? 제법 공감 가는 것들이 많지 않은가? 나는 이 결과지를 보면서 키득거렸지만 한편으로는 '내가 상사로서 후배들에게 저런 일을 겪는다면 어떨까?' 하는 생각이 들기도 했다. 한번 생각해보자. 당신이 만약 저런 행동을 당했다면 어떨까? 후배에게 잘해주어야겠다는 생각이 들까? 아니면 어떤 놈인지 반드시 찾아서 혼쭐을 내줘야겠다는 생각이 들까?

후배들 입장에서는 대놓고 반항할 수 없으니까 상대가 알아챌

듯 말 듯한 복수를 할 수밖에 없을 것이다. 그러나 어쩌면 후배들의 이런 복수들 때문에 상사들 역시 지속적으로 그들에게 스트레스를 주는 건 아닐까? 당신이 누군가에게 미움 받는 이유는 그 사람에게 몰래 했던 복수를 들켜서 그런 게 아닐까? 당신은 아니라고 확신할 수 있는가?

나 역시 직장인으로서 긴 시간을 보내며 얄미운 선후배들을 수없이 만났다. 죽이고 싶도록 미운 상사들이 코앞에서 스트레스를 줄 때마다, 콱! 하고 매섭게 쏘아붙이고 싶은 걸 참은 게 한두 번이 아니었다. 스트레스가 주는 가장 큰 문제는 업무 효율이 떨어진다는 거였다. 이렇게 떨어진 업무 효율은 가끔 소심한 복수가 성공하면 다시 회복되고는 했다.

소심한 복수를 할 때 가장 중요한 것은 절대 들키지 말아야 한다는 것이다. 잠깐의 통쾌함이 주는 즐거움은 크지만 들키는 순간 관계는 더욱 악화된다. 그래서일까? 나는 어느 순간 '아, 이게 들킬 수도 있는 일이겠구나.'라는 걸 깨닫고 소심한 복수를 행하는 것을 멈추게 되었다. 대신 상대방의 진심을 알기 위해 노력하는 쪽으로 노선을 바꿨다. 그리고 오랜 시간 노력한 끝에 대화를 통해서 상대방의 감정 상태를 알아내는 것에 익숙해지게 되었다.

복수를 그만두고 이해하는 눈으로 상사들을 보기 시작하면서, 나는 한 가지 사실을 깨달았다. 그들은 우리들의 감정을 모르지 않는다. 나보다 이미 수년의 시간을 먼저 회사에서 버텼던 그들이다. 그들 역시 무수히 많은 윗사람들로부터 우리가 느낀 것과 같은 스트레스들을 겪었다. 그러니 어찌 모르겠는가? 그들은 우리가 느끼는 감정과 소소하게 하는 복수를 알면서도 티를 내지 않고 눈감아준 게 아닐까?

이것을 깨닫자 복수의 개념이 바뀌었다. 치사한 복수가 아니라 멋진 복수를 해보기로 한 것이다. 나는 그들이 절대 무시하지 못할 정도로 실력 있는 후배가 되어보기로 마음을 바꿔 먹었다. 하지만 이것 또한 결코 쉬운 일이 아니었다. 그래서 나는 그들이 무슨 소리를 하더라도 한 귀로 흘려듣는 보살이 되자는 것으로 목표를 바꾸었다.

우리는 언제 어디에서나 다양한 상사들을 만날 수 있다. 특히 회사에서 만난 상사는 모르는 척 넘겨버릴 수가 없다. 한번 보고 끝나는 관계가 아니기 때문이다. 그래서 몇 배나 더 힘들다.

그러니 밉고 스트레스 덩어리인 상사나 선배가 있다면 그들에게 치사한 복수가 아니라 멋진 복수를 해보자. 그들보다 나은 사람이 되는 것이다. 치사한 복수는 또 다른 치사한 복수를 낳는다. 안 좋은 것은 반드시 대물림이 되고 쉽게 잘 지워지지도 않는다. 그런 걸 군이 계속 이어갈 필요가 있을까? 좋은 회사 문화, 좋은 선후배 관계를 만들어내는 첫 번째 방법은 내가 먼저 치사한 복수를 관두는 것이다. 물론 아주 가끔은 풀리지 않는 내면의 분노를 표출할 기회가 필요하다. 그러나 어떤 방식으로 복수할지는 나 자신에게 달려 있다. 무엇이 진정 멋진 복수인가?

취미활동에 몰두하여 그들을 잊어보거나, 나를 괴롭히는 상사보다 더 부자가 되는 목표를 세우고 주식이나 부동산 투자를 해보거나, 퇴근 후의 원데이 클래스를 통해 자기계발을 함으로써 회사와 나를 구분 짓거나, 그들보다 더 멋진 인생을 더 멋지게 즐길 줄 아는 사람이 되는 것.

언젠가 내게로 돌아올 부메랑 같은 복수를 하는 대신, 그것이 더 이상 통하지 않는 문화를 나 자신부터 시작하는 건 어떨까. 나는 절대 그런 게 통하지 않는 사람, 그런 걸 하지도 않는 사람. 그들보다 멋진 인생을 사는 사람이 되고자 한다.

그것이 진짜 복수다.

내가 싫어하는 상사도
누군가의 가족이며 부모다

얼굴만 봐도 화가 치밀어 오르는 상사들이 있을 것이다. 모든 상사가 그런 것은 아니겠지만 적어도 한 사람쯤은 있으리라. 우리는 다양한 이유로 상사들을 미워한다. 성격이 맞지 않아서, 일하는 방식이 달라서, 때로는 그냥 싫어서, 그들에게 무한한 미움을 주고는 한다.

나 역시 그랬다. 얼굴만 봐도 화가 나게 만드는 직장상사들이 있었다. 내게 모질게 구는 그들을 미워하느라 하루가 모자랄 지경이었다. '저 인간들은 도대체 언제쯤 퇴사하는 거야?' '제발 좀 회사에서 안 마주치면 좋겠어!' 하는 생각으로 남몰래 뒤에서 이를 갈며 그들의 험담을 해대고는 했다.

자, 그렇다면 여기서 한 가지 질문! 만약 내가 그 상사를 미워하듯이 누군가가 내 부모님을 그렇게 대한다면 당신의 기분은 어떨까? 200% 솔직하게 이야기하건대, 아마 나라면 절대 그 사람을 용서하지 못할 것 같다. 그렇다. 같은 맥락으로 생각해보면 내가 무한한 미움을 주고 있는 그 상사의 가족들 역시 나를 용서하지 못할 거라는 말이 된다. 난 이것을 직장과는 아무 상관도 없는 백화점에서 깨닫게 되었다.

몇 년 전의 일이었다. 잘 사용하던 백화점 카드에 갑자기 이상이 생겼다. 자주 사용하던 카드가 되지 않으니 불편이 이만저만이 아니었다. 전화를 해도 제대로 해결이 되지 않아 결국 은행에 재발급을 받으러 가는 상황까지 벌어졌다. 이참에 서비스에 대한 불만을 제대로 표해야겠다고 맘먹고는 씩씩거리며 고객창구로 향했다. 한 소리 하려고 숨을 크게 들이마신 그 순간, 창구에 놓인 안내판이 눈에 들어왔다.

지금 앞에 앉아 있는 직원은 누군가의 소중한 가족입니다.

한껏 들이마셨던 숨을 피시시~ 내뱉었다. '가족'이라는 단어가 내 마음을 쾅쾅 때렸다. 왜 나는 그전까지 이를 깨닫지 못했던 걸까? 어쨌든 그날, 미처 생각지 못했던 부분을 알게 된 나는 '그래, 우리는 모두 누군가의 소중한 가족이지….' 속으로 중얼거리며 조용히 대기석에 앉았다. 몇 초 전까지만 해도 씩씩거리던 스스로의 모습이 그렇게 부끄러울 수가 없었다.

이날 이후 내 눈에는 변화가 일어났다. 얼굴만 봐도 화가 나던 직장상사들이 처음으로 누군가의 가족으로 보이기 시작한 것이다. 그랬다. 나는 그전까지 단 한 번도 그들을 누군가의 부모나 자식이라고 생각해본 적이 없었다. 그렇게 눈이 바뀌고 생각이 바뀌니 더는 그들이 밉게만 보이지 않았다. 정말 신기했다.

미움이 사라지니 그들이 다르게 보였다. 죽이고 싶을 정도로 밉던 그 상사들 역시 외롭고 힘든 회사생활을 해나가는 직장인일 뿐이었다. 나나 당신과 마찬가지로 그들 역시 한 가정을 책임지는, 무거운 어깨를 갖고 출퇴근하는 직장인일 뿐인 것이다. 그렇게 생각이 바뀌니까 오히려 그동안 내가 너무 미워하기만 한건 아닌가 하는 미안한 마음까지 들었다. 우리는 모두가 소중한 자식이자 부모다. 이 사실을 잊어서는 안 된다. 그러니 미움과 증오를 조금만 누그러뜨려 보자. 우리는 모두 존중받아 마땅한 사람들이다. 그러니 적어도 회사 동료끼리는, 같은 직장인들끼리는 서로를 존중해주어야 하지 않을까?

물론 이해한다. 나의 이 말에 100% 동의할 수 없는 경우도 있다는 것을. 드라마 〈미생〉에서 이미 경험한 것처럼, 정말 부당하게 우리를 대하는 상사들도 종종 있다. 그러나 나 역시 그런 순간마다 스스로를 돌아보게 된다. 나는 후배들에게 괜찮은 선배이자 상사일까, 하고 말이다. 아마 여기에 대해서도 100% 그렇다고 말하진 못할 것이다. 어쩌면 나쁜 습관을 고스란히 배워 그대로 하고 있을지도 모른다.

직장인들은 대부분 비슷한 삶을 살아간다. 회사를 다니면서 결혼을 하고, 아이를 낳고, 부모로서의 책임감과 삶의 무게를 실감하는 그 일련의 과정들을 흡사하게 걸어간다. 그러니 조금만 마음을 넓게 키워보자. 우리만큼 서로를 이해할 수 있는 사람도 없지 않은가? 나쁜 것, 부정적인 것은 나에게서 끝내겠다고 생각하는 것도 좋다. 회사생활이 꼭 '누군가에 의해' 만들어진다고 생각하지 말고 내가 주체적으로 만들어간다고 생각해보는 건 어떨까. 나도 회사의 구성원인 만큼 회사의 문화와 분위기를 만들어가는 데 중요한 존재일 테니까.

그런 의미에서 오늘도 나는 나를 포함한 모든 회사원들을 응원한다. 가정을 지키기 위해 최선을 다해 회사를 다니고 있는 직장인들을! 충실한 하루하루를 살아가는 그 모든 가장들을! 나는 굳게 지지하며 응원한다. 파이팅!

성질머리와
말잘못

　어릴 때부터 성깔 있어 보인다는 말을 자주 들었다. 한 성격하게 보인다, 기가 세 보인다, 무섭다, 까칠해 보인다, 새침해 보인다… 등등의 말은 많이 들어보았지만 착해 보인다는 말은 거의 들어 본 적이 없다. 그래서 친분이 있는 사람들은 나에게 종종 "보기보다 착하네."라고 말하곤 했다.

　이러한 이미지 때문에 평범한 회사생활은 못하겠구나 싶었는데, 지금처럼 17년 동안 한 회사에 있으리라고는 상상도 못 했다. 주변 사람들이 "너 아직도 그 회사 다녀?"라고 묻는 이유는 사실, "너 그 성격으로 어떻게 아직도 그 회사에 다니고 있어?"라는 뜻을 품고 있는 것일 테다.

　이쯤에서 내가 정말 보이는 것처럼 한 성질 하는지, 아니면 보이는 것과는 다른지, 하는 궁금증이 생길지도 모르겠다. 사실 그렇게 호락호락한 성격은 아니다. 이 성질머리 덕분에 17년 동안

이나 한 회사에서 무난히 버틸 수 있었다. 내가 만약 착했더라면, 온순했더라면, 약해 보였더라면. 싫은 소리는 1도 못하고 끙끙 앓는 사람이었다면… 누군가의 밥이 되어서 회사를 떠난 지 오래겠지! 아니면 가만히 있다가 '가마니'로 보이게 되어서 이리 치이고 저리 치이는 불행한 회사생활을 하고 있지 않았을까.

말도 그리 잘 못하면서

나는 말도 조리 있게 잘 못한다. 그래서 회의를 하거나 발표를 해야 하는 자리가 늘 두렵고 겁이 났다. 그런 자리는 가급적 피했다. 상사의 부당함에도 말로 조리 있게 대처하지 못하고 강한 찌푸림으로 대응하곤 했다. 말을 잘하지 못해서 주먹이 먼저 올라가는 나였지만, 폭력을 휘두를 순 없으니 조용히 주먹을 내려놓고 미간에 힘을 주는 수밖에 없었다. 어쩌면 하느님은 말실수하지 말라고 강한 미간 주름을 선물로 주신 게 아닐까 싶을 정도였으니까. 시간이 지난 후, 나는 회사 사람들에게 결코 만만하지 않은 사람으로 인식되고 있었다.

회사에 대한 건의사항을 이야기하는 자리에서도 가급적 말을 많이 하지 않았다. 건의를 한다고 해서 회사가 바로 변하지 않는다는 사실은 누구나 다 아는 것 아닌가. 그래서 말을 하지 않은 것뿐이었는데, 본의 아니게 부정적이거나 불만이 많은 사람이 아니라 회사에 충성도가 높은 직원, 불만이 없는 직원으로 잘못 인식 되어버렸다. 말을 잘하지 못한 게 회사를 오래 다니게 만들어준 셈이다.

요즘 서점에 가보면 말을 잘하기 위한 책들이 수두룩하다. 직장생활에서 무엇보다 중요한 것이 소통이고 관계이다 보니, 많은 사람들이 그 책들을 보고 소통 능력을 키우기 위해 노력한다. 그러나 내 경험상 말을 잘하는 것과 직장생활을 잘하는 건 별개인 듯하다. 업무 능력으로서는 중요할지 모르지만, 회사생활은 말솜씨가 전부는 아니니까. 대부분 일을 못해서가 아니라 관계가 깨져서, 또 다른 스트레스를 감당하지 못해서 그만두니 말이다.

말을 잘 못해서 이득을 본 적도 있다. 한번은 발령 건을 두고 나와 한 직원이 경쟁을 하게 되었다. 그때에도 여전히 말주변이 없던 나는 상사의 말에 고개만 끄덕였다. 반면 다른 직원은 본인이 왜 그 자리에 가야 하는지에 대해 조목조목 이야기를 했다. 나는 보지 못했지만, 들은 바에 의하면 어찌나 말을 잘하는지 얄미워 보이기까지 했다는 것이다. 그 자리는 내 차지가 되었다. 나의 고개 끄덕임이 긍정적이고 순응적인 태도로 보였던 것 같다. 그때 또다시 생각했다. "역시 입 다물고 있길 잘했어."

언제나 하고 싶은 말은 많다. 그러나 그 말을 다 할 수는 없다. 본의 아니게 말을 아끼며 회사생활을 하긴 했지만 그 시간들이 내게 준 교훈도 많다. 나 역시 후배들이 너무 논리적으로 이야기할 때는 묘한 불쾌감이 느껴지기도 했다. 그 말이 다 맞을 때도 있지만, 맞지 않을 때도 있다. 그럴 때조차도 스스로가 만들어낸 논리와 합리화로 눌러버리면 위축된다. 강약 조절이 필요하다. 그렇다고 실실 웃고 다니면서 누가 무슨 말을 하든 "아, 괜찮아요." "네, 좋아요." 해서는 안 된다. 사람들은 그런 이를 우습게 본다. 분명한 의사를 갖고 표현하자. 그러나 모든 걸 말로 풀려고 하지는 말자. 때로는 말보다 눈빛이, 한번쯤 져주는 그 태도가, 잠시 접어두는 그 모습이 당신에게 이득을 안겨준다. 우스워 보이지 않으면서 까칠해 보이지도 않게 하는 지혜가 필요하다.

3장

나만의 소소한 행복 만들기

일과 삶의 불가분적 법칙

'존버'해야 할까
'존~버'해야 할까

회사에서 조직생활을 하면서 수많은 고민을 해왔다. 그중에서도 가장 많이 했던 고민은 바로 '나다움'에 대한 것이었다. 늘 다른 사람의 눈에 내가 어떤 사람으로 보일까 걱정했다. 입사 초기에는 누구나 좋아하는, '누구에게나 착한 사람'이 되어야겠다고 생각했다. 그러나 얼마 지나지 않아서 고민에 빠졌다. 누구에게나 착한 사람이 되려고 하다 보면 '나다움'을 잃을 수 있다는 사실을 깨달은 것이다.

나는 상대방에게 상처를 주고 싶지 않았고 상처를 받고 싶지도 않았다. 착한 사람까지는 아니어도 나쁜 사람으로 보이고 싶지 않았다. 또한 무탈하게 회사생활을 하면서도 나다움을 잃고 싶지 않았다. 하지만 사회생활, 조직생활에서 이 모든 것을 지키기란 무척 힘든 일이었다. 결국 답을 찾지 못한 나는 오랜 시간 동안 대충 버텨가면서 살아야 했다.

'나다움을 잃지 않으면서 조직생활을 잘할 수 있는 방법은 없을까?'

싫은 소리를 듣기 싫어서, 눈치 보며 살고 싶지 않아서 매일 같은 고민을 반복했다.

지금은 내 나름의 방법을 가지고 회사원으로 살아가고 있다. '대충' 버티는 것이 아니라 '회사를 존중하며' 버티는 것이다. 내 삶을, 내 생각을 바꾼 것은 어느 날 겪게 된 교통사고였다.

평소와 똑같았다. 귀에 꽂은 이어폰에서 들려오는 슬픈 가사에 내 인생을 비유하며 급히 회사를 향해 달려가던 중이었다. 그리고 잠시 후, 회사 근처에 도착한 나는 자연스럽게 무단횡단을 감행했다. 횡단보도가 회사와 지나치게 멀리 떨어져 있다는 이유로 자주 무단횡단을 하곤 했는데, 급기야 차와 부딪치는 아찔한 사고를 당하고야 만 것이었다. '절대로 지각하지 말아야지!'라고 다짐해놓고 매번 지각하던 습관이 초래한 대참사였다.

사고를 당한 적이 없어서 그런지는 몰라도 그 순간의 기억이 여전히 생생하다. 자동차와 부딪쳐 하늘로 붕~ 뜨는 순간 나는 '어? 뭐지? 나, 사고 난 건가?' 하는 생각이 들었다. 그리고 수많은 생각들이 떠올랐다.

'와…, 이렇게 무단횡단 하다가 허무하게 엄마, 아빠보다 먼저 하늘나라로 가는 건가? 죄송하네.' '어제 4시 지나서 대출 받으시러 온 고객님께 오늘 일찍 대출금 송금해드리겠다고 약속했는데… 못하겠네. 죄송하다.' '은행에 있는 내 적금들아… 안녕…. 그러고 보니 해외여행 한번 못해보고 떠나는구나!' '아참, 그러고 보니 내 미결 업무는 뭐뭐 남아 있더라?'

그렇게 미결 업무들을 생각하는 사이, 쿵! 하고 바닥으로 떨어졌다. 땅에 떨어지는 순간 뜨고 있던 눈을 질끈 감았다. 너무 창피했기 때문이었다. 충격에 놀라 그랬는지는 몰라도 아픔은 느끼지 못했다. 살며시 눈을 떠보니 내 귀에 꽂혀 있던 이어폰이 저 멀리 떨어져 있는 것이 제일 먼저 보였다. 그리고 뒤이어 자주 이용하던 회사 1층의 편의점 아주머니가 달려와 "아가씨, 괜찮아요?"하고 물으시는 걸 시작으로 나를 친 사고차량의 운전자 분이 뛰어오는 모습, 근처에서 구경 중인 수많은 사람들이 차례로 눈에 들어왔다. 어찌나 창피하던지! 아픔을 이겨버린 창피함은 내 몸을 벌떡 일어나게 만들었다. 핸드폰을 집어 들고 보니 이미 지각인 것이 아닌가! 나는 "저 괜찮아요!"라고 소리친 뒤 급히 회사로 달려가 버렸다. 그리고 사고를 당한 후, 나는 조금은 다른 사람이 되었다. 사고가 아니라 사고를 당했을 때 든 생각들이 나를 바꾼 것이다.

잠시 '욜로'를 즐겨보자

사고가 나기 전까지 나는 회사를 빨리 그만두자는 마음 때문에 오직 적금과 예금에만 목숨을 걸었다. 소소한 행복은 뒤로 한 채 통장 잔고에만 '올인'하며 살았던 것이다. 그러나 사고를 당한 직후 나는 이제까지 놓치고 살아온 작은 행복들을 행동으로 옮기기 시작했다. 부모님과의 여행을 시작으로 명품도 사고, 피부 관리도 받고, 비싸서 못 먹던 음식도 먹어 보고, 하고 싶었던 운동도 시작하는 등 내게 투자하는 삶을 살기 시작한 것이다. 그렇게 '내일 죽어도 여한이 없게, 온전히 나를 위해!'를 모토로 새 삶을 살다 보니 자연스럽게 자존감도 높아지고 스스로의 정체성도 확실해졌다.

재미없게 버티기만 하는 인생을 사는 것은 무의미했다. 나는 교통사고라는 계기를 통해 내게 투자하는 삶을 살기 시작했고, 이를 통해 나를 찾을 수 있었다. 즉 나 자신을 존중하는 삶을 살기 시작한 것이다. 그리고 나는 자연스럽게, 내 삶을 살아갈 수 있도록 월급을 지원해주는 회사도 존중하게 되었다.

회사에서 주는 월급이 없었다면 나는 하고 싶었던 운동도, 여행도, 맛있는 음식과 명품도 누리지 못했을 것이다. 내가 회사를 다니지 않았다면 월급이 없으니 내게 투자하고자 하는 그 어떤 것도 할 수 없었을 것이다. 이처럼 우리는 회사에서 받은 월급으로 그 이상의 가치를 만들어낼 수 있다. 간단하게 예를 들어보자. 누군가는 월급을 운동비로 사용해 다이어트에 성공함으로써 새 삶을 살 수 있다. 또 나처럼 어린 자녀를 둔 부모들은 월급으로 교육비를 냄으로써 자녀가 한 사람의 어른으로서 성장하는 발판을 만들어줄 수 있다. 뿐만 아니라 사랑하는 가족들과의 여행, 은퇴하신 부모님을 위한 효도 등과 같이 더 큰 가치를 창출해낼 수도 있다.

나는 나를 위한 삶을 살다 보니 월급을 주는 회사에 감사함을 느꼈고, 이 감사함은 곧 회사에 대한 존중이 되었다. 그리고 나와 회사에 대한 존중을 가지면서, 타인의 시선 때문에 이 존중들을 놓치지 말자고 마음을 고쳐먹었다. 이전까지 상대방을 지나치게 신경 쓰던 나는 나를 위한 삶에 맞는 방법, 내가 상처받지 않는 방법으로 회사생활에 임하기 시작한 것이다. 더 이상 나는 상대방이 나를 욕하는 것을 심각하게 받아들이지도, 상대를 위해 내 업무를 더 늘리지도 않았다. 회사에서 나만의 휴식시간을 만드는 것으로 힐링의 시간을 갖는가 하면, 회사와 멀리 떨어진 곳으로 여행을 떠나기도 했다. 회사와 내 삶이 공존하는 법을 터득한 것이다. 덕분에 나는 지치지 않고 지금까지 버텨올 수 있었다.

나의 행복을 위해 회사로 출근하자

우리는 왜 일을 할까? 일을 해야 하는 이유와 그 목적은 무엇일까? 모든 사람이 자기만의 이유 때문에 일을 하고 있을 것이다.

나는 행복하기 위해 회사를 다닌다. 솔직히 말해서 나는 회사에서 지금보다 더욱 인정받거나 좋은 대우를 받기 위해, 혹은 임원이 되거나 이 업계에서 최고가 되기 위해서 회사를 다니는 건 아니다. 나는 나와 내 가족이 나로 인해 더 행복해지면 좋겠다는 마음으로 회사를 다닌다.

지금 내가 살고 있는 이 인생은 어쩌면 누군가가 그토록 누리고 싶어 했던 인생일지도 모른다. 죽음의 순간 앞에서 나는 깨달았다. 내게 주어진 많은 것들을 충분히 누리지 않고 불평불만만 늘어놨던 순간들은 내게 아무것도 가져다주지 않는다는 것을. 특히 하루의 대부분을 보내는 회사 때문에 스트레스 받고 힘들어했던 순간들은 내 삶의 귀중한 순간들을 좀먹었을 뿐이다. 비로소 나는 누구보다 행복한 사람이라는 걸 깨달았다. 그전까지는 출근할 때마다 '다닐 만하다, 다닐 만하다'라고 주문을 외면서 마음을 다잡기 위해 노력해왔지만, 하루도 마음이 편하지 않았다. 그러나 마음을 바꾸고 나니 모든 것이 다르게 보이기 시작했다.

"10년 이상 보유하지 않으려면 단 10분도 소유하지 마라."

워렌 버핏의 투자 관련된 명언이다. 나는 이 말을 "매 순간을 소중히 여기라."고 다르게 해석해보았다. 10년 이상 다니지 않을 거라면 한순간도 버티지 마라. 10년 이상 다닐 거라면 매 순간을 소중히 여기면서 10년 후에 얻을 대가를 기대하라. 장담컨대 당신이 생각하는 것 이상의 결과가 기다리고 있을 것이다. 적어도 내가 경험한 바로는 그렇다.

긍정 마인드는
회사생활에서 특히 빛을 발한다

직장생활을 하다 보면 때때로 절망적인 기분을 느낀다. 나는 내가 절대 할 수 없을 것 같은 일이 주어질 때 그런 기분이 든다. 이밖에도 코드가 안 맞는 사람과의 협업 등, 절망을 안겨주는 상황들은 생각보다 자주 발생한다. 아마 많은 직장인들이 갖가지 상황들을 떠올리며 고개를 끄덕일 것이다. 내가 이야기하고자 하는 것은 그런 것을 극복하기 위한 방법이다.

사실 불가항력적인 상황은 가정이나 학교, 일터에서도 빈번히 일어난다. 그럴 때마다 분노하거나 회피했다면 나는 아마 분노의 화신이 되어 있을 것이다. 저마다 이런 상황을 극복하는 방법이 있겠지만, 나는 어떤 경우에나 통하는 한 가지 방법을 터득했다. 그것은 바로 긍정적인 마인드다.

예를 들어 감당할 수 없는 업무가 주어졌을 때, 나는 얼른 절망 속에서 정신을 차리고 긍정적인 방향으로 생각을 전환하려고 노력한다. '그래, 내가 이 업무를 맡을 수 있을 정도로 성장했구나.' 또는 '회사에서 이제 내가 이 정도는 감당할 수 있을 거라고 믿는구나.'라고 사고를 전환하는 것이다. 결과적으로 나는 주어진 일을 무사히 완수한다. 긍정적인 사고로의 전환이 없었다면 아마 업무를 중도에 포기해버리거나, 시간만 끌다 한 소리 듣고 다른 직원에게 넘기게 되었을지도 모른다. 오랜 경험상 긍정적인 마인드는 단 한 번도 나를 배신한 적이 없었다. 긍정적인 사고방식을 추천하기 위해 최근에 겪은 에피소드를 하나 소개하고자 한다.

부정적 감정을 다이어트하자

나는 매일 저녁 식사를 마치고 나면 운동을 한다. 그러나 얼마 전 갑작스럽게 집과 먼 곳으로 발령이 나게 되어 더 이상 운동을 할 수 없게 되었다. 거리가 멀다 보니 출퇴근만으로도 벅차서 운동할 생각조차 할 수 없게 되어버린 것이다.

항상 유지해오던 일상에 이상이 생기면 사람은 스트레스를 받는다. 나 역시 그랬다. 늘 해오던 운동을 갑자기 못하게 되니 스트레스가 이만저만이 아니었다. 가뜩이나 나는 물만 먹어도 살이 찌는 체질이기에 더욱 그랬다. 그러나 이미 발령받은 근무지를 바꿀 수는 없었다. 부정적인 감정에서 벗어나 운동을 할 수 있는 방법을 찾아보기로 했다. 그렇게 나는 출퇴근 시간을 이용하여 운동을 하기로 마음 먹었다. 출퇴근에 많은 시간이 할애되니 이 시간을 활용해보기로 한 것이다.

지하철을 갈아탈 때에는 파워워킹으로 걸었고, 항상 집보다 한 정거장 먼저 내려서 걸어갔다. 결과는 대성공이었다. 따로 시간을 내어 운동을 하지 않으니 가족들과 함께 보내는 시간과 개인 시간이 늘어났다. 체중도 매일 밤 운동해서 빼던 것보다 더 효과적으로 감량되는 것이 아닌가? 습관적 긍정이 스트레스 극복은 물론이고 운동 효과까지 안겨준 것이다.

긍정적인 사고방식과 긍정적인 마인드가 좋다는 사실은 누구나 알고 있기에, 다들 이것을 습관화하고 싶어 한다. 하지만 결코 쉬운 일이 아니다. 몸에 자연스럽게 배기까지 오랜 시간이 걸리기 때문이다. '오늘부터 나는 긍정적인 사람이 되겠다.'라고 선언한다고 해서 하루아침에 긍정적인 사람이 될 수는 없다. 어떤 일 앞에서도 긍정적으로 생각하기 위해서는 그만큼 공을 들여야 한다. 고생 끝에 습관적 긍정을 손에 넣게 된다면 훨씬 나은 회사생활을 할 수 있을 것이다.

말은 씨앗과 비슷하다. 입 밖으로 나온 말은 우리의 무의식 속에 심어져 생명력을 얻는다. 그리고 뿌리를 내리고 자라서 그 내용과 똑같은 열매를 맺는다. 우리가 긍정적인 말을 하면 우리 삶은 긍정적인 방향으로 펼쳐진다. 부정적인 말은 부정적인 결과를 낳는다.

상황이 우리 뜻대로 풀리지 않고 자꾸 어려운 일만 터질 때 특히 말을 조심해야 한다. 긍정적인 말을 하는 사람일수록 더 강하고 고통에서 더 빨리 벗어나는 경향이 있다. 물론 일이 꼬이면 지나가는 모든 사람을 잡고 불평과 신세 한탄을 늘어놓는 게 인간의 본성이지만, 이런 식의 대화는 자기 파멸만 초래할 뿐이다.

어려운 시절을 빨리 극복하고 더 나은 미래를 보고 싶다면 긍정적인 말을 많이 하려고 최대한 노력해야 한다. 우리가 인생의 고난에 어떻게 대처하고 시련의 도가니 속에서 어떤 말을 하느냐에 따라 고통은 곧 끝나기도 하고, 평생 지속되기도 한다.

- 조엘 오스틴 저, 〈긍정의 힘〉 중에서-

"회사 그만두고 싶어."라는 말을 달고 살면서도 회사를 관두지 않고 오래 다니는 사람은 많다. 그러나 반대로 '회사 다니는 게 너무 행복해.'라고 말하며 회사를 오래 다니는 사람은 극히 드물다. 분명한 사실은, 불평불만이 입에 붙은 사람과는 누구나 자연스럽게 거리를 두게 된다는 것이다. 왠지 모르게 부정적인 기운이 옮는 것 같은 느낌을 좋아하는 사람은 없다. 희한하게도 부정적인 말을 입에 달고 사는 사람들일수록 그렇지 않은 사람들보다 훨씬 오래 회사를 다닌다. 어쩌면 그들의 불평불만은 내가 가진 습관적인 긍정처럼 습관이 되어버린 것일지도 모른다. 안타깝게도 이런 부정적인 에너지는 결코 회사생활에 도움을 주지 못한다.

나 역시 회사를 그만두고 싶던 시절이 있었다. 매일 밤마다 가족들에게 신세 한탄을 하고, 친구들에게 다음 달만 되면 그만둘 거라는 말을 입에 달고 살았다. 앞에서 나왔던 것처럼 사직서도 써보았다. 그러나 이런 부정적인 언행들이 가져온 결과는 인사고과 최하점과 진급 누락, 이미지 손상이라는 마이너스적인 것들뿐이었다.

벽에도 귀가 있다는 말이 있다. 좋은 것이든 나쁜 것이든 내가 품고 있는 마음들은 언행이 되어 모두가 알게 된다. 그래서 나는 나와 같은 직장인들에게 습관적인 긍정을 강력 추천한다. 습관적인 긍정은 회사생활에 쾌적함과 유연함, 그리고 플러스적인 결과들을 안겨주기 때문이다. 지금 다니고 있는 회사에 오래 몸담고 싶은가? 실력을 인정받고 매끄러운 대인관계를 유지하고 싶은가? 그렇다면 지금 즉시 부정적인 말을 멈추고 긍정적이고 미래지향적인 언어들을 말하자. 나 역시 누군가 "회사생활은 어때요?"라고 물어보면 "재밌어요. 더 오래 다니고 싶어요."라고 답하며 스스로에게 긍정의 주문을 걸었다. 이 주문은 마법과도 같은 효과를 발휘했다. 진심으로 회사를 오래 다니고 싶어진 것이다. 17년차 직장인인 지금의 나는 긍정적인 말이 만들어낸 결과물이다.

회사생활이 절망적이고 끔찍한가? 부정적인 말이 쉬지 않고 입 밖으로 튀어나오는가? 그렇다면 당신도 나처럼 주문을 걸어 보자. 누구나 나처럼 오랫동안 행복하게 회사를 다니는 사람이 될 수 있다. 나는 자신 있게 말할 수 있다. 내가 회사를 오래 다닐 수 있었던 비결은 '긍정적인 생각과 태도'라고. 그리고 이 습관적인 긍정은 회사생활에서만이 아니라 내 인생의 순간순간에도 큰 도움을 주는 툴(Tool)이었다고. 행복한 회사생활이란, 행복한 하루하루란 어쩌면 종이 한 장에 불과한 마음 차이, 생각 차이에서 비롯되는 것일지도 모른다.

나만의 휴식 계획표

살기 위한, 나만의 근태 기준 재정비

정해진 시간보다 일찍 출근하고 다른 직원들보다 늦게 퇴근하기. 많은 직장인이 상사들이 말하는 '좋은 근태'가 이런 모습이라는 것을 잘 알고 있다. 이런 모습은 당연하게도 직원의 희생이 있어야만 가능하다. 누군가에게는 반가운 일일지 모를 이 희생. 그러나 회사와 윗사람을 의식해서 하는 이러한 희생이 쌓이다 보면 어느새 그 직원의 몸과 마음은 심각하게 지치게 된다. 나역시 이러한 시간들이 있었다.

때로는 강요에 의해, 때로는 자의에 의해 나는 그야말로 희생적인 직장생활을 해나가고 있었다. 당시만 해도 '아파도 회사에서, 죽어도 회사에서'라는 나름의 독한 각오가 있었기에 그 고된 시간을 견디는 것이 가능했다. 최대한 다른 직원들에게 피해를 주고 싶지 않은 마음에 건강 관리 역시 철저하게 했다. 혹시나 몸이 아파도 일단 출근해서 회사 상황을 살핀 뒤에야 조퇴했고 연차도 거의 사용하지 않았다. 공휴일이 아니면 언제나 회사에 충실하게 출근했다. 그렇게 10년이라는 시간을 좋은 근태의 정석처럼 보내던 내게 그 기준을 바꾸게 만드는 사건이 일어났다.

당시 임신을 하게 된 나는 심한 입덧으로 힘겨운 날들을 보내고 있었다. 입덧이 주는 어지러움과 메스꺼움은 그야말로 상상을 초월했다. 회사와 집의 거리가 멀지 않아서 그동안 도보로 이동을 해왔기에 입덧이 심했던 당시에도 큰 무리 없이 출퇴근할 수 있었다. 그런데 어느 날, 회의 장소가 갑작스럽게 변경된 것이었다. 버스를 타고 40분 이상은 가야 도착할 수 있는 장소로 출근하라는 문자가 덜컥 날아왔다. 버스 안의 냄새를 도저히 버텨낼 자신이 없었다. 두려움이 앞선 나는 결국 회의에 참석하기 어려울 것 같다는 보고를 올리는 즉시 선배에게 자문을 구했다. 그때 들은 말이 근태의 기준을 바꾸게 된 결정적인 계기가 되었다.

"입덧 때문에 회의 참석을 못한다고? 나 때는 말이야, 애 유산하면서까지 회사에 나왔어. 가능하면 회의에 참석하는 게 좋겠다."

여자의 적은 여자라고 했던가. 같은 여자라 이해해줄 거라 생각했던 만큼 그 배신감은 말로 표현할 수 없을 정도로 컸다. 처

참했다. '아파도 회사에서, 죽어도 회사에서'라며 지금껏 몸이 부서져라 회사를 위해 충실했던 내게, "뱃속 아이보다 회의가 더 중요하니 참석하길 바란다."라니….

더는 회사를 위해 희생적으로 굴지 않으리라 다짐했다. 그동안 투철하게 지켜온 소신이 더는 버티지 못하고 무너지는 순간이었다. 결과적으로 나는 택시를 타고 입덧을 견디며 회의에 참석했다. 누구보다 회사에 충성했던 내 과거를 기억해주는 이는 아무도 없다는 것을 뼈저리게 깨달았다. 근태의 정석이던 나를 기억하는 사람은 없었다. 알고 싶어 하는 사람도, 인정해주는 사람도 오직 나뿐이었던 것이다.

이 사건을 겪은 이후, 나만의 근태 기준을 재정비했다. 누가 금지라도 시킨 듯 기피하던 연차도 아낌없이 사용하기 시작했고, 출근도 남들보다 일찍 하지 않았다. 퇴근 역시 남들 다 가도록 남아 있지 않고 서둘러 준비했다. 내 후배들에게도 휴가와 '칼퇴'를 적극 권장한다. 쉬지 않고 일한다고 해서 누가 알아줄 것이라는 기대는 아무 소용없다는 것을 경험했기 때문이다. 그러나 사회초년생들에게까지 권장하고 싶지는 않다. 나처럼 어느 정도 회사에서 이해 가능한 스토리가 밑바탕에 깔려 있는 경우가 아니라면 오해를 사거나 욕을 먹을 수도 있기 때문이다.

나는 오랜 회사생활을 통해 열심히 한다고 일의 효율이 늘진 않는다는 걸 깨달았다. 오히려 회사 내에서도 나만의 휴식 시간을 만들어두어야 일의 효율이 높아진다. 그래서 나만의 휴식 계획표를 만들어, 지치지 않고 능률적으로 일할 수 있는 오피스 라이프 스타일을 찾기 시작했다. 예를 들면 오전에는 집중적으로 몰두해서 일을 최대한 마무리하고, 오후에는 짬짬이 쉬는 시간을 가지며 일을 병행했다. 점심 시간에는 도시락을 일찍 먹고 낮잠을 한숨 자거나, 오후 어느 시간쯤에는 차를 마시며 잠시 휴식을 취하는 등 나만의 휴식 계획을 실행했다. 이 외에도 월급날에는 연차를 내어 일하지 않고 급여를 받는 기분을 만끽해보기도 했다.

　이처럼 나는 건강한 휴식이야말로 오랜 회사생활을 버틸 수 있는 원동력이 된다는 것을 깨달았다. 근태의 기준을 '회사' 중심이 아닌 '나' 중심으로 바꾸게 된 가장 큰 이유는, 회사보다 중요한 것은 바로 '나'라는 '사람'이라는 것을 깨달았기 때문이다. 사원들은 회사를 위해 일하지만 '나'라는 사람 자체가 회사를 위해 존재하는 것은 아니다. 나는 나라는 사람의 존재를 확인할 또 하나의 세상으로서 회사에 출근하며 일을 하고 있다. 다른 누군가는 열심히 살아가는 자기 자신만의 인생의 발자취를 남기기 위해 회사를 다니고 있을지도 모른다. 우리는 모두 자신만의 이유로 회사에 다니고 있는 것이다.

　나 자신을 위해서나 회사를 위해서나 건강한 균형을 맞추기 위한 몸과 마음의 휴식은 필수적이다. 그러니 행복한 회사생활을 위해서라도, 나만의 휴식 계획표를 만들어서 보다 능률적이고 재밌는 회사생활을 즐기기를 권해본다.

퇴근의 마무리는
운동이다

　당신의 퇴근 후 모습은 어떤가? 동료들과 시원하게 맥주 한 잔? 아니면 애인과의 데이트? 의외로 대부분의 직장인들이 퇴근을 하면 곧장 집으로 향한다. 말 그대로 '집으로 피신'하는 것이다. 조금이라도 더 빨리, 조금이라도 더 멀리 회사로부터 벗어나고 싶기 때문이리라. 그러나 중요한 것은 회사로부터 멀어진다고 해서 스트레스가 줄어드는 건 아니라는 사실이다. 우리는 모두 이를 잘 알고 있다.

　사람은 살면서 각자만의 스트레스 해소법을 갖는다. 없다면 만들어내기라도 해야 한다. 당신이 직장인이라면 더더욱. 회사에서 받은 스트레스를 제대로 해소하지 못하면 집에서까지 고통의 시간이 이어진다.

　나 역시 제대로 된 스트레스 해소법을 찾지 못해 괴로움의 나

날을 보낸 시기가 있었다. 입사 1년 차던 시절, 갑자기 새로운 곳으로 발령이 나 인수인계도 제대로 받지 못한 채 업무에 임해야 했다. 처음 맞게 된 새로운 업무와 새로운 동료들과의 관계에서 오는 긴장감은 극도의 스트레스가 되어 나를 괴롭혔다.

직장에서의 스트레스를 홀로 견디기 힘들었던 내가 가장 먼저 찾은 것은 가족이었다. 부모님께 이런저런 이야기를 하는 것으로 약간이나마 스트레스를 해소해보려 한 것이다. 그러나 이 방법은 오래가지 못했다. 회사 일이다 보니 부모님께 설명하기 어려운 일도 많았거니와, 어느 순간부터 내 이야기를 들은 부모님이 나보다 더 속상해하시는 걸 보니까 '아, 이러면 안 되겠구나.' 하는 생각이 들었다. 결국 내가 스트레스 해소법으로 택하게 된 것은 먹는 것, 즉 폭식이었다.

친구를 만나는 것조차 귀찮았던 나는 집과 회사만을 오가며 거침없이 폭식을 해댔다. 그리고 당연하게도 몸무게가 인생 신기록을 찍었다. 태어나서 처음 보게 된 체중계 숫자에 엄청나게 충격을 받은 나는 당장 운동을 시작하기로 했다. 이때만 하더라도 오직 '살 빼기'라는 목적으로 시작하게 된 운동이 스트레스 해소법이 될 것이라고는 생각지 못했다.

나는 간단한 스트레칭 후 러닝머신 15분, 자전거 타기 15분이라는 기초 코스로 운동을 시작했다. 운동을 막 시작한 첫날, 오히려 운동을 하는 게 더 스트레스를 받는 것 같다는 느낌도 들었다. 그랬다. 나는 러닝머신을 이때 처음 사용해봤던 것이다. 달린 지 5분 만에 숨이 가빠왔으니 힘에 겨울 수밖에. 하지만 이런 생각은 며칠이 지나고 몇 주가 지나면서 완전히 달라졌다.

운동으로 땀을 빼고 샤워를 한 뒤에 몰려오는 상쾌함. 그 상쾌함에 나는 서서히 중독되어갔다. 운동을 마치고 집으로 돌아가는 발걸음이 주는 개운함은 그 어떤 탄산음료보다도 강렬했다. 무엇보다 운동은 내게 하루를 돌아보는 시간을 갖게 해주었다. 러닝머신 위를 달리면서 그날 상사로부터 지적받은 사항들을 반성할 수 있었다. 열심히 땀을 흘리다 보면 회사에서는 이해가 가지 않던 그들의 지적이 이해가 갔다. 그러자 자연스럽게 그들의 입장역시 생각하게 되었다. 물론 과하다 싶은 언행들도 있었으나 이역시 운동을 하다 보니 용서가 되었다. 참 놀라운 일이었다.

나는 그렇게 살도 빼고 모진 마음도 풀어낼 수 있는 건강한 스트레스 해소법을 찾게 되었다. 그리고 이는 우리 가족들에게 있어서도 좋은 변화였다. 운동을 시작하기 전의 나는 집으로 들어가기 무섭게 방문을 쿵! 닫으며 '나 지금 열 받아 있으니까 건드리지 마세요!'라는 무언의 경고를 날리곤 했으니, 소중한 가족들에게 상처를 주는 행동이었던 것이다. 누구보다 날 아껴주고 사랑해주는 내 가족들에게 보여서는 안 될 모습을 보인 지난날들을 생각하면 아직도 후회스럽다.

건강한 정신과 행복한 삶을 위해 운동하자

현대인들은 운동을 미친 듯이 하는 사람이 반, 전혀 하지 않는 사람이 반이라고 할 만큼 극과 극을 달린다. 운동을 하지 않는 사람들의 경우, 대부분 '굳이 살을 뺄 필요가 없다'는 이유를 든다. 그러나 나는 경험을 통해 깨달을 수 있었다. 운동은 살을 빼기 위해서만 하는 게 아니라는 사실을.

내가 생각하기에, 현대인들에게 운동이란 행복한 삶을 위해 반드시 필요한 영양제이다. 정신적으로나 육체적으로나 하루의 안 좋은 불순물들을 배출시켜주는 것이 바로 운동의 효과다.

그날 이후, 운동시간은 하루를 마무리하는 일종의 의식이 되었다. 혹여나 헬스장에 가지 못하는 날이 생기면 귀가하는 버스에서 일부러 한 정거장 일찍 내려 걸으며 나만의 '반성시간'을 가진다. 이렇게 회사에서의 일을 완전히 정리하고 집에 들어가면 온전히 행복하고 평온한 휴식이 나를 기다리고 있다. 회사에서 받은 스트레스가 집으로 이어지지 않는 것이다.

회사에서의 스트레스로 힘든 당신, 회사에서 생긴 부정적인 감정을 집까지 이어가는 당신, 어쩌면 예전의 나처럼 '상처를 주는 가족'일지도 모를 당신. 나는 그런 당신에게 운동을 권하고 싶다. 완전한 회사 업무 종료 시간을 만들어주는 방법 중 하나이기 때문이다. 몸을 움직이며 나오는 엔돌핀은 당신에게 긍정적 에너지를 선물해줄 것이다. 퇴근 후에 하는 운동은 당신의 건강한 몸을 위해, 건강한 정신을 위해, 그리고 사랑하는 가족들을 위해 최고의 선물이 되어줄 것이다.

누구는 조기퇴사를 위해 적금을 하고,
누구는 현재를 위해 즐긴다

2020년 8월, 코로나 바이러스와 장마가 이어지면서 1년에 한 번뿐인 휴가를 제대로 즐길 수 없게 되었다. 이렇게 아쉬운 여름을 보내며 문득 '그러고 보니 예전에 나는 여름휴가를 어떻게 보냈지?' 하는 생각이 들었다. 작년에도 재작년에도 분명 여름휴가를 기다렸건만, 딱히 제대로 보낸 적이 없는 것 같았다.

남들처럼 여행을 다닌 것도 아니고 특별한 이벤트가 있었던 것도 아니다. 나는 은행적금 만기일에 휴가를 맞추어 여러 은행들의 이율을 비교하며 1년 단위로 적금을 들고 또다시 예금으로 예치하기를 반복하며, 이율이 높은 은행을 찾아다녔다. 몇 해 전 기억이었는데도 생생하게 떠올랐다. 난 그 1년마다 돌아오는 적금 만기일이 가장 행복했다. 그 만기일의 행복을 느끼기 위해 항상 1년 단위로 적금 가입을 했다.

이번엔 어디에 있는 은행을 가볼까? 거리가 멀지만 이율이 높은 은행을 가볼까? 아니면 교통편이 가까운 은행을 가야 하나? 여행할 겸 멀리 떠나볼까? 나는 1년마다 돌아오는 여름휴가보다 적금만기 전에 은행이율을 비교하고 검색하는 것이 더 설레고 즐거웠다. 집에서 은행으로 가는 길이 여행이었고 행복 그 자체였다.

만약 그때 내가 평범한 여름휴가를 다녀온 후에 회사로 복귀하였다면, 또다시 '아, 그만두고 싶다.'라는 생각이 먼저 들었을지도 모른다. 언제나 놀고 쉬는 일은 달콤한 법이니까.

여름휴가를 보내지 말라는 뜻은 아니다. 다만 나는 만기금을 예치해놓고 회사로 복귀하고 나면 어쩐지 든든한 기분이 들었다. 그만두고 싶은 생각도 조금은 줄어들고, 좀 더 견뎌서 더 큰 목돈을 만들어보자는 새로운 각오가 생겨나기도 했다. 그게 나의 여름휴가였는지도 모르겠다.

제2금융권 은행의 혜택

여름휴가철이면 늘 찾던 제1금융권 은행보다 조금 더 높은 이자를 주는 제2금융권 은행으로 향했다. 제2금융권 은행에는 새마을금고, 신협, 축협, 수협 또는 저축은행이 있다. 제1금융권 은행은 이자가 발생하면 15.4%를 공제하지만, 새마을금고나 신협, 축협은 3천만 원까지 비과세 혜택도 있고 농특세 1.4%만 공제한다. 거기다 예금자보호법이 적용되어 최대 5천만 원까지 보호받을 수 있다. 비과세 혜택을 받으려면 현재 살고 있거나 직장이 있는 지역에 조합원으로 가입을 해야 5만 원~10만 원정도의 출자금으로 가입을 할 수 있다. 출자금은 조합원을 해지하면 다시 돌려받을 수 있다. 각 지점마다 이율이 조금씩 다르기 때문에 비교견적은 필수다.

한 가지 더! 가끔 은행이나 지점마다 특판 상품을 판매하는 경우도 있다. 이때는 더 높은 이자를 한시적으로 판매하기 때문에 미리 확인하고 가는 게 좋다. 가입하기 전에 각 은행 지점 홈페이지나 전화를 통해서 특판 상품이 있는지, 있으면 언제쯤 판매 예정인지 꼭 알아봐야 한다. 오늘 방문했는데 특판 상품이 내일 나올 수도 있기 때문이다. 그리고 비과세 혜택은 2020년 이후로 점차 축소될 예정이라고 하니 아래 내용을 참고하면 좋겠다.

2020년 12월 31일까지 이자소득에는

이자소득세 0% / 농특세 1.4% 적용

2021년 1월 1일~12월 31일까지는

이자소득세 5% / 농특세 1.4% 적용

2022년 이후에 발생하는 이자소득에는

이자소득세 9% / 농특세 0.5%가 적용

나는 더 많은 돈을 적금에 붓기 위해서 가계부를 작성하기 시작했다. 내가 쓰는 돈의 흐름을 알아야 지출을 막을 수 있지 않을까 하여 작성하기 시작한 가계부는 성공적이었다. 가계부를 쓰기 시작한 후, 지출내역을 적기 싫어서 돈을 쓰지 않는 날도 있었다. 그 외에도 대형마트에서 장 보지 않기(대형마트는 1+1, 또는 필요하지 않은 물품까지도 보이게 만들어 구매욕을 발생시키기 때문이다), 외식하지 않기, 신용카드 쓰지 않기, 포인트 사용하기 등을 실천해봤다.

혹자는 소비하지 않는 삶은 재미없는 삶이라고 생각할지 모른다. 그러나 막상 절약하며 푼돈을 모아보니 모이는 재미도 쏠쏠했다. '조금만 더 모으면 조기퇴사의 꿈을 하루라도 일찍 이룰 수 있지 않을까?' 하는 부푼 꿈을 안고 시작했지만 17년째 그 꿈을 이루지 못한 채 회사를 다니고 있다. 하지만 예전처럼 불안해하거나, 회사에 다니기 싫다는 생각은 들지 않는다. 높은 이율의 적금과 예금들이 은행에서 나를 기다리고 있기 때문이다.

이렇게 난 소비하는 재미에 빠지기 전에 모으는 재미를 먼저 맛보았다. 목표는 오로지 '조기퇴사'였지만 적금 때문에 쉽게 회사를 그만두지는 못했다. 돈을 모으는 것은 끝이 보이지 않는 작업이다. 예전에는 사업할 목돈만 모으면 그만두어야지, 결혼자금만 모으면 그만두어야지, 집을 사면 그만두어야지 했다가 이제는 건물주가 되면 그만두어야지, 하는 새로운 목표가 생겼다. 그래서 본의 아니게 17년째 '존버'하며 다니고 있다. 지금 생각해보니 난 요즘 유행하는 '욜로YOLO'족과는 거리가 먼 사람이지 않나 싶다.

'욜로'가 답일까? 모으는 게 답일까?

'욜로.'

'인생은 한 번뿐이다'를 뜻하는 'You Only Live Once'의 앞 글자를 딴 용어로, 현재 자신의 행복을 가장 중시하여 소비하는 태도를 말한다. 미래 또는 남을 위해 자신을 희생하지 않고 현재의 행복을 위해 소비하는 것을 중심에 두는 라이프스타일이다.

최근 한 방송에서 방송인 서장훈이 '욜로'족인 청년에게 하는 조언을 듣고 멈칫했다.

"내가 가장 행복한 게 뭔지 알아? 내가 남한테 아쉬운 소리 안 해도 된다는 것, 그게 얼마나 다행이고 감사한 일인지 몰라. 돈 때문에 자존심을 버리지 않아도 되는 것. 젊었을 때 숙이고 살아야 나이 먹고 허리 펴고 사는 거야."

누구나 젊음이라는 이름으로 '욜로'를 추구할 수는 있다. 하지만 실수도 투정도 가난도 모두 용납이 되는 건 그때에만 가능하다. 나이가 든 후에는 젊음을 추구할 수 없다. 때문에 '욜로'만을 추구하다가는 한순간 골로! 갈 수도 있는 것이다.

'현재가 행복하면 미래에도 과연 행복할까?'라는 생각을 가끔 해본다. 나도 잠깐의 '욜로' 생활을 경험해본 적이 있었기 때문에 서장훈의 조언에 크게 공감했다. '욜로'족으로서의 기쁨은 오래가지 않았다. 오히려 즐기고 난 뒤에 후폭풍이 밀려왔다. 노후도 걱정이 되었지만 가장 견디기 힘들었던 것은 "다니기 싫은 회사를 계속 다녀야 하면 어쩌지?" 하는 걱정이었다. 그 생각으로 날밤을 지새운 적도 있었다. 그리하여 잠깐의 '욜로' 생활을 빠르게 접고, 은행으로 노선을 변경하여 열심히 적금을 붓기 시작한 것이다.

물론 모든 사람에게 해당되는 가치관은 아니다. 돈을 모으는 게 재미있는지, 소비하는 게 더 재미있는지는 스스로 경험해보고 판단하라. 중요한 건 한 번뿐인 내 인생! 오늘뿐 아니라 마지막까지 행복해야 한다는 것이다. 회사에 출근하는 게 우리의 목표가 아니다. 우리의 목표는 다른 데 있다. 그 목표를 이루기 위해 오늘도 출근하는 당신! 그런 당신을 이 '존버' 언니가 격하게 응원한다. 우리 모두 허리 쭉 펴고, 당당하게 회사생활을 버텨보자!

복지 혜택의
큰 행복

17년 동안이나 회사에서 버틸 수 있었던 이유 중 하나는 복지 시스템 덕분이었다. 회사의 복지제도는 직원들을 위한 것이지만 직원들에게만 좋은 건 아니다. 장기적으로는 회사의 성장에도 도움이 되기 때문이다. 따라서 회사 복지를 잘 찾아 이용하면 나도 좋고 회사도 좋은 시너지 효과를 낼 수 있다. 내 말을 믿어보길!

내가 다니고 있는 회사는 매년 직원들에게 복지카드를 지급하여 여행과 숙박, 교육, 학원, 운동 등에 사용할 수 있는 포인트를 제공해준다. 거기다 매년 8월이면 자기계발비 명목으로 휴가비가 나온다. 회사에서 월급 이외의 돈이 나온다는 것은, 합격했을 때의 감격과 입사할 때의 초심을 떠올리게 해주는 고마운 일임에 틀림없다. 더불어 나를 선택해준 회사에 대한 감사를 되새기게 만들어주고, 회사에 다시 출근할 수 있는 원동력이 되어주기도 하며, 때때로 충성심도 가질 수 있게 만들어준다.

열심히 일만 하지 말고 악착같이 복지 혜택을 찾아보자

회사생활을 하는 동안 나의 목표는 회사를 다니는 중에 결혼과 출산을 하는 것이었다. 결혼을 하면 결혼 축하금이, 아이를 출산하면 출산 축하금이 나오니까. 이런 복지 혜택을 미리 알고 있었기 때문에 힘든 초년생의 시간들을 겸허히 버틸 수 있었다. 그래서 난 후배들에게도 결혼과 출산을 적극 권장하고 있다. 그만두더라도 축하금은 받고 그만두라고 말이다. 결혼하고 출산해서 축하금을 받은 뒤엔 미련 없이 회사를 떠날 수 있을 줄 알았다. 하지만 그때 받은 축하금이 발목을 잡아 회사와의 인연을 17년째 이어줄 거라고는 꿈에도 생각지 못했다. 평생직장이 점점 사라지고 있는 요즘, 내가 선택한 회사에서 지금까지 쭉 일할 수 있었던 건 로또와도 같은 행운이었다. 그 내막에는 복지를 향한 엉큼한 마음이 있었더라도 말이다.

회사에서 제공해주는 복지는 내가 아는 것보다 많을지도 모른다. 복지제도를 모른 채 일만 열심히 하는 동료나 경조 기준을 잘 알지 못해서 혜택을 누리지 못하는 후배들을 볼 때마다 안타까웠다. 복지를 얼마나 잘 누리느냐는 회사생활의 만족도와 비례

한다. 그러니 복지를 악착같이 찾아 쓰는 것을 속물이나 눈치 없는 행동으로 볼 필요는 없다. 앞에서도 말한 것처럼 회사와 나, 서로를 위한 제도라고 생각하라. 가끔은 꼭 기한 내 신청해야 지급이 가능한 경조금과 휴가도 있다. 그런 걸 챙기지 않는다고 회사가 감사해하진 않는다. 내 몫은 내가 챙겨야 하고, 그러기 위해서는 정보를 잘 찾아봐야 한다.

회사가 아닌 나를 위해 출근하자

코로나19로 인해 세상과 삶의 여러 부분이 변화를 겪고 있다. 많은 사람들이 우울함을 겪으며 무너지고 있다. 이 와중에도 잊지 말아야 할 것은, 우리는 여전히 회사를 다녀야 한다는 사실이다. 이런 상황 속에서도 좋은 성과를 올려야 한다. 마음도 무겁고 세상도 어지러운데 일까지 열심히 해야 해? 아니, 일을 열심히 하는 건 회사를 위해서가 아니라 나를 위해서다. 이 순간을 또 버티면 다른 문이 열릴 테고, 그 앞에서 다시 웃을 수 있을 테니까.

그 대신에 우리에게는 복지 혜택이 있다. 힘들고 어려운 가운데 잠시 쉴 수 있는 시간이 주어진다면 매우 달콤할 것이다. 회사가 인정해주는 자기계발 프로그램들을 이용해서 자신을 추스르는 시간을 갖자. 누군가가 말했다. 여행이 달콤한 이유는 돌아올 곳이 있어서라고. 우리에게 주어지는 휴식 시간은 삶을 더욱 풍요롭게 하고, 일을 더 열심히 해야 할 동기를 부여해준다. 당장 회사를 떠나지 않을 거라면 지금 당신에게 주어진 복지 혜택을 찾아라. 큰 회사가 아니라 하더라도 분명 당신이 모르는 복지가 있을지 모른다. 그것을 찾아서 스스로를 위해 써라. 그리고 그러한 혜택을 준 회사를 위해 열심히 노력하라. 서로를 위한 상생 효과가 미래를 더욱 활기차게 만들어줄 것이다.

4장

회사에서 성장하다

상호보존의 법칙

회사는
배움의 장소다

학생 신분을 벗어나면 본격적으로 인생을 살아가기 위한 터전이 필요하다. 이윤을 추구하면서 공동체 의식도 기를 수 있는 곳, 바로 회사 같은 곳 말이다. 성숙한 어른으로서 본격적인 삶을 살아가기 위해서는 직장이 필요하다. 그렇지만 무언가를 배우려면 그에 합당한 값을 지불해야 한다.

많은 사람들이 직장에서 인생을 배운다고 말한다. 함께 일하는 사람들과 커뮤니케이션하면서 인생의 목적과 방향, 더 나아가서 삶 그 자체를 배우게 되는 것이다. 뿐만 아니라 그 이상의 것을 배울 수도 있다. 회사에는 우리를 가르쳐주는 선생님이 없는 대신, 같은 분야에서 일하는 다양한 전문가들이 동료로 함께 일한다. 그들로부터 배울 수 있는 정보와 지식은 분명 아무데서나 쉽게 얻을 수 있는 것은 아니다. 그러니 관점을 한번 바꿔보

자. 인생에서 유일하게 돈을 받으면서 배울 수 있는 곳이야말로 회사가 아닐까?

 학교에 다닐 때, 나는 공부에는 별 관심이 없었다. 단 한번의 수능 때문에 재미없는 공부를 해야 한다는 사실이 큰 스트레스였다. 그 때문이었을까? 나는 수능을 보기 전날 바보 같은 다짐을 했다. '다시는 공부하지 않으리라. 내 인생에 이제 공부는 없으리라.' 황당한 다짐이었다. 그러나 대학교에 입학한 뒤, 당연하게도(?) 나는 전공서적은 물론 글로 쓰여 있는 것이라면 그게 무엇이든 읽지 않았다. 지금 생각해보면 정말 한심하기 짝이 없는 행동이었다. 이런 어처구니 없는 나의 다짐 때문에 학점은 당연히 기대 이하였다. 때로는 황당한 에피소드까지 생겨나곤 했다.

 전산실습 시간이었다. 그날도 나는 맨 뒷자리에 앉은 채, 수업을 듣지 않고 인터넷 서핑으로만 시간을 보내고 있었다. 그런데 수업을 마칠 시간이 되자 교수님께서 "자, 지금까지 배운 문서를 디스크에 저장해서 제출하세요."라고 말씀하시는 것이 아닌가? 전혀 수업에 집중하지 않았던 나는 디스크가 아닌 D드라이브에 문서를 저장했고, 내가 제출한 공 디스크는 강의실을 웃음바다로 만들었다. 창피하긴 했지만, 진짜 문제는 졸업 후에 발생했다. 나는 전산실습이 회사에서 꼭 필요한 수업이라는 사실을 모른 채 졸업한 것이다.

"엑셀이나 파워포인트 잘합니까?"
"네… 당연하죠. 다 자신 있습니다!"

어이없는 다짐은 회사 면접에서의 거짓말로 이어졌고, 이루 말할 수 없는 나비효과로 돌아왔다. 면접관의 질문에 새빨간 거짓말을 한 나는 입사 후 간단한 문서 작성 지시에도 덜덜 떨 수밖에 없었고, 결국 거짓말을 들키지 않기 위해 회사를 다니던 중에 컴퓨터 학원을 등록하여 문서공부를 따로 해야만 했다. '학교 다닐 때 열심히 할걸.' 하는 미련한 후회와 함께 말이다. 정말이지 옛말 틀린 게 하나도 없다. '공부는 다 때가 있는 법이다.'라는 그 말이 왜 그때는 들리지 않았던 걸까.

"이명혜, 너 면접 볼 때는 다 잘한다고 했잖아?"

일하는 내 뒤에서 팀장님이 건넨 첫말이었다. 웃으며 말하시긴 했지만 속으로 얼마나 황당하셨을까? 아니, 아마 이게 무슨 일인가 싶어 놀라셨을 것이다. 엑셀에 수식된 숫자들을 모두 지운 뒤 일일이 계산기를 두드려가며 빈칸을 채워 넣고 있었으니…. 그런 나를 보며 헛웃음이 나오신 건 당연한 일이었으리라.

아이러니하게도 나는 제대로 일을 하지 못한 덕에 회사에서 첫 배움을 시작할 수 있었다. 팀장님께서는 내게 친절하게 문서 작성법을 알려주셨고, 나는 학교에서 배우지 못한 전산을 회사에 입사해서야 배우게 되었다. 그것도 돈을 받으면서 말이다! 야근을 좀 많이 시키긴 하셨지만 늘 비싸고 맛있는 야식을 사주셨기에 크게 불만스럽지 않았다. 나는 그때 깨달았다. '일을 시키더라도 기분 좋게 시켜야 한다.' '맛있고 비싼 음식을 사줘야 야근을 시켜도 불평불만이 나오지 않는다.'라는 상사로서의 지혜를.

회사를 다니면서 가장 많이 배운 것을 꼽아본다면 인간관계에 대한 것을 거론하지 않을 수 없다. 같은 일을 하는 직원들과 오랜 시간 함께 생활하다보니 자연히 친분이 쌓이게 되었다. 이전과는 달리 상대방의 입장이 되어서 대화를 나누기도 했다. 다른 사람을 이해하기 위해 노력하고 나 자신을 되돌아보는 시간들을 통해 인간관계를 새롭게 배울 수 있었다. 깊어지는 동료애와 십 년지기 친구보다 친해진 동료들. 이것들은 인간관계를 배운 데 대한 부상副賞이었다.

두 번째로 배운 것으로는 '버티는 방법'을 꼽고 싶다. 나는 퇴사를 하고 싶은 마음이 들어도 대안을 세우기 전에는, 또 업무에 익숙해지기 전에는 버티는 수밖에 없다는 사실을 배웠다. '시간이 약'이라는 말처럼, 아무리 괴로운 업무가 반복되더라도 시간이 지나면 조금씩 나아지는 것을 몸소 체험했기 때문이다. 결과적으로 나의 버티기는 성공했다. 버티기에 성공한 사람으로서 이야기할 수 있는 것은 '버티는 과정에는 그만한 가치가 있다.'라는 것이다. 힘든 시간을 버텨내자 회사에 다니는 직원으로서의 자부심, 나만의 인생 목표 수립 등과 같은 변화가 찾아왔기 때문이다.

세 번째는 회사에서 직원이란 한낱 소모품에 지나지 않다는 사실이다. 17년이라는 직장생활 동안 나는 스스로의 의지로 작성했던 세 장의 사직서와는 별개로, 수많은 선후배들과 상사들이 회사를 떠나는 모습을 지켜보아야만 했다. 하루아침에 사라진 그들의 자리를 보면서 안타깝고 아쉬운 마음과 더불어, '이제 저 사람들이 없어져서 회사가 제대로 안 돌아가면 어떡하지?'하는 생각이 들었다. 하지만 회사는 아무 문제없이 잘 돌아갔다. 그때 나는 '아, 우리는 모두 소모품에 불과하구나.'라는 사실을 인정해야만 했다. 그래서 난 소모되어 버려지는 소모품이 되기

보단 제자리에 제대로 쓰일 부품이 되어야겠다는 생각을 했다. 지금은 자리에 맞지 않는 부품이더라도, 조금 더 참고 견디다 보면 언젠가는 나에게 맞는 자리가 생기지 않을까? 하는 생각으로 지금껏 버텼다. 스스로 '회사의 부품'이라 틀을 정해놓으니 오히려 마음이 편해졌다. '이왕 소모되어 없어질 운명이라면 하늘을 우러러 한 점 부끄러움도, 아쉬움도 없는 부품이 되어야겠다.'라는 다짐을 하게 되었다.

많은 이들이 회사가 개인의 자유와 시간을 빼앗아 간다고 말한다. 그러나 냉정하게 따져보자. 우리는 회사 안에서 인생에 필요한 여러 가지 소스들을 배워가고 있다. 하루의 대부분을 회사에서 보내는데도 얻어가는 것은 하나도 없이 시간만 보내다 간다고 생각하는가? 그렇다면 당신은 그날 하루를 무의미하게 보낸 사람이다. 회사에서 근무하는 동안 많은 것을 가져가는 것 또한 의지이자 능력이기 때문이다. 회사에서 많은 것을 가져간 사람일수록 그만둘 때도 미련 없이 그만두는 것을 수없이 보았다.

배움에 대해서도 마찬가지다. 보통은 '배운다'라고 하면 나이가 많은 선배나 상사들에게 업무를 배운다고 생각한다. 그러나 경험에 의하면 오히려 후배들 중에서 업무적으로, 인간적으로,

지적으로 뛰어난 이들이 많았다.

나는 멋진 후배들을 보면서 스스로를 반성하기도 했고, 그들에게 전문적인 지식을 배우기도 했다. '나 역시 이렇게 멋있는 후배가 되어야겠다.'라고 생각한 순간이 한두 번이 아니었다. 그러니 시야를 넓혀보자. 배움은 나이와 지위를 따지지 않는다. 배울 점이 있는 사람이라면 누구든 스승으로 삼아야 한다. 회사에서는 특히나 더 그렇더라.

회사는 학교와 다르다. 같은 반 친구들만 있지 않다는 얘기다. 동료, 선배, 후배, 그리고 상사까지 다양한 유형의 사람들이 공존하는 곳이 회사다. 이런 곳이기 때문에 성숙한 삶을 살아가기 위한 다양한 진리를 충분히 배워나갈 수 있다.

좋은 대학에 입학하기 위해 열심히 공부했다면, 이제는 행복한 삶을 위해 회사에서 열심히 공부해보자. 우리가 일하는 그 장소, 일터야말로 삶을 위한 배움의 터전이다.

누구도 이 회사에
당신 등을 떠밀지 않았다
내가 선택한 회사, 후회하지 말자

많은 직장인들이 '이놈의 회사를 언제까지 다녀야 하나?' 하고 생각한다. 나 역시 그랬다. 17년 차가 된 지금도 '언제까지 여기를 다녀야 할까?'라는 생각이 들곤 한다. 그러나 잊지 말자. 지금 이 회사는 몇 년 전의 내가 꼭 입사하고 싶다는 생각으로 이력서를 넣은 곳이라는 사실을.

부모님은 내가 선택할 수 없다. 그러나 회사는 선택할 수 있다. 얼마 전, 나는 컴퓨터를 수리하던 중에 우연히 지금의 회사에 지원하기 위해 작성했던 이력서를 발견했다.

저는 당사에 꼭 입사하고 싶습니다. 저를 뽑아주신다면 후회하지 않으실 겁니다.

'대체 어디서 나온 자신감이었을까? 어떻게 저런 이력서로 내가 합격한 걸까?' 하며 웃음이 나왔다. 하지만 내 선택에 책임을 져야겠다는 생각이 들었다. '그래, 내가 입사하고 싶어 했던 회사였잖아. 후회하지 말아야지.'

이날 다시 보게 된 이력서는 이후 심각하게 작성했던 몇 장의 사직서를 울면서 쓰레기통으로 던져 넣게 만들었고, 회사에 대한 내 마음을 다잡게 만들어주는 계기가 되어주었다.

지금의 회사에 입사하기 전, 작은 무역회사에서 잠시 인턴생활을 했었다. 학교를 졸업하자마자 바로 입사한 곳이었기에 오직 자신감 하나만 가지고 들어갔던 첫 직장이었다. 사회초년생답게 '나도 드디어 어른이 되었구나. 이제 돈 많이 벌어서 큰 사람이 되어야지.'라는 생각을 하며 부푼 마음으로 사회생활을 시작했던 기억이 새록새록 떠오른다. 무역회사를 다니면서 가장 힘들었던 점은 바로 출퇴근이었다. 회사의 위치가 집과는 상당히 떨어진 곳에 있었기에, 매일 이른 새벽에 일어나 버스를 타고 출근을 해야 했다. 퇴근은 일찍 하는 편이었지만 차가 밀리는 시간대인 데다가 사람들은 북적대어 집으로 돌아오면 파김치가 되어 뻗기 일쑤였다. 그러다 보니 자연스럽게 '회사가 집이랑 가까우면 좋을 텐데.'라는 생각이 들었다. 빨리 경력을 쌓아야지 하는 생각으로 열심히 회사를 다녔지만 시간이 지날수록 머릿속에 드는 생각은 큰 회사에 대한 욕심이었다. 높은 연봉과 주5일 근무제를 시행하는 금융기업에. 매일 밤 높은 하이힐을 신고 크고 화려한 회전문을 열며 출근하는 모습을 상상하다 잠이 들곤 했다.

어린 사회초년생이기에 그런 자신감을 가질 수 있었던 걸까? 나는 상상 속의 내 모습을 실현코자 과감하게 무역회사를 그만 두었다. 오직 '집과 가깝고 높은 연봉에 주5일제를 실시하는 대기업'이라는 꿈을 위해서. 그렇게 원대한 꿈을 품은 '백조' 생활이 시작되었다.

'백조'의 아침은 컴퓨터 앞에 앉아 채용공고를 찾아보는 것으로 시작했다. 내게 최적화된 회사를 찾기 위해, 내 기대에 부응하는 회사를 찾기 위해 열심히 키보드를 두들기며 회사 검색과 이력서 쓰기를 병행했다. 그렇게 꿈을 찾아 열심히 달리던 내게 날아든 비보가 있었다. 바로 사랑하던 할아버지가 돌아가셨다는 소식이었다.

"세상에서 우리 손녀가 최고다." "우리 손녀가 세상에서 제일 예쁘다." 입에 침이 마르도록 말씀해주시던 할아버지…. 할아버지가 돌아가셨다는 소식을 들었을 때의 감정은 차마 말로 다 하지 못할 정도로 괴롭고 슬펐다. 무엇보다 아쉽고 원통했던 건 내가 아무런 준비도 되어 있지 않을 때에 돌아가셨다는 것이다. 어린 시절부터 너무 많은 것을 받아만 왔는데, 나는 무엇 하나 제대로 해드린 것 없이 할아버지를 보내드려야 한다는 사실이 가슴 아프고 안타까웠다. 어린 시절 할아버지 할머니와 한집에서 살았기에 그분들의 사랑을 듬뿍 받으며 자랐다. 특유의 근거 없는 자신감과 하늘 높은 줄 모르는 자존감은 이런 할아버지 할머니의 사랑 덕분이었으리라. 꿈을 현실로 만들겠다는 무모한 발걸음 역시 이런 조부모님의 사랑이 밑거름이 되었기에 가능했던 것 같다.

신기하게도 할아버지가 돌아가시고 며칠 뒤, 나는 지금 다니고 있는 회사의 입사 공고를 발견했다. 그리 큰 대기업은 아니었지만 공고를 보자마자 '여기다. 여기가 내 운명의 회사다.'라는 생각이 들었다. 이상하게도 '분명 할아버지가 도와주실 거야.' 하는 믿음이 들었다. 회사에서 면접을 보기 직전에 가슴이 설레던 기억, 합격했다는 통보에 햄버거 가게에서 아르바이트 하던 친구를 찾아가 "나 합격했어!" 하고 소리 지르며 함께 기쁨을 나눴던 기억이 지금도 생생하다.

삶은 당신이 생각하는 대로 흘러갈 것이다. 이 세상 어느 누구도 당신의 생각을 좌지우지하거나 빼앗을 수 없다. 생각은 온전히 당신의 의지일 뿐이다. 삶은 궁극적으로 당신의 의지대로, 생각대로 결정된다.

〈나폴레온 힐의 성공철학〉에 나오는 문구다. 나는 나도 모르게 이 철학의 내용을 현실화시켰던 게 아닐까? 이지성 작가의 〈꿈꾸는 다락방〉에서처럼, 꿈꾸는 대로 이루어진다는 것을 경험하며 입사했던 게 아닐까?

누구에게나 인생에 세 번의 기회가 있다고들 한다. 나의 경우 첫 번째는 지금의 회사를 선택하여 입사한 것이고, 두 번째는 입사하게 된 이 회사를 오랫동안 다닐 수 있는 기회를 잡은 것이리라. 그리고 아마 마지막 세 번째 기회는 회사와의 아름다운 이별이지 않을까 하는 생각을 한다.

물론 컴퓨터에서 우연히 이력서를 발견한 뒤에도 일이 힘들때, 혹은 다른 이유로 회사를 그만두고 싶을 때가 있었다. 그 때마다 이력서를 수정하고 싶은 마음이 들기도 했다. '후회하실지도 모르니 뽑을 때 신중하십시오.'라고 말이다. 하지만 스스로가 선택한 이 회사를 후회하지 않았기에 그 시간들을 잘 버텨낼 수 있었다. 그래서 나는 이제 스스로에게 수정된 이력서가 아닌 응원의 메시지를 전하고 싶다. 앞으로의 회사생활도 후회하지 말고 아름답게 잘 마무리하자고, 토닥여주고 싶다.

만약 지금 이 글을 읽는 누군가가 힘든 회사생활로 인해 입사를 후회하고 있다면, 나처럼 입사 전 이력서를 한번쯤 읽어보기를 권한다. 당시의 설렘과 간절함, 그리고 합격이 주었던 기쁨을 다시 떠올려보면 후회하는 마음에 조금은 변화가 일어나지 않을까? 조심스럽게 조언을 건네본다.

그녀는 의리 빼면
시체랍니다

사람의 생은 이름을 따라간다는 말이 있다. 할아버지께서 지어 주신 '밝을 명明'에 '은혜 혜惠'라는 이름 때문일까? 나는 한번 인연을 맺으면 그것을 오래도록 유지하기 위해 '으리으리'하게 노력하며 살고 있다. 하나를 받으면 최소 둘 이상을 돌려주기 위해 애쓰고 도움을 준 지인들에게도 도움 받은 것 이상으로 보답하기 위해 최선을 다한다. 회사 또한 그러한 은혜의 대상 중 하나다.

2003년 9월, 면접을 보기 위해 아침 일찍 꽃단장을 한 뒤 버스에 올랐다. 버스 차창을 통해 들어오는 가을 햇살은 유난히도 따뜻했다. 회사소개와 연혁이 적혀 있는 종이를 버스 안에서도 몇 번씩이나 꺼내 보았다. 그만큼 이 회사에 입사하고 싶은 마음이 간절했다. 부푼 가슴을 안고 면접장에 도착한 나는 긴장한 상태로 차례를 기다렸다. 심장이 두근거리는 소리가 귀에 들리는 듯했다. 잠시 후, "이명혜 님, 들어오세요."라는 말과 함께 면접이 시작되었다. 순서대로 자기소개를 마친 뒤, 본격적으로 면접관들의 질문이 시작되었다. 면접관은 내게 "당사는 토요일에도 근무를 합니다. 토요일도 출근하라고 하면 어떻게 하겠습니까?"라고 물었고, 나는 일말의 망설임도 없이 "저는 일요일도 출근할 수 있습니다."라고 답했다. 지금 생각해봐도 어떻게 그런 명답이 튀어나왔을까 싶다. 나는 정말 이 한 마디로 입사에 성공했다. 하지만 그렇게 입사한 난 '일요일에도 출근한다는 애'로 소문이 나버렸고, 결국 주말 근무든 늦은 야근이든 찍소리도 하지 못한 채 조용히 회사를 다녀야만 했다.

입사한 뒤, 면접관이었던 팀장님께 "팀장님, 저는 어떻게 뽑힌 거예요?"라고 물어본 적이 있었다. 팀장님은 "네 자신감이 마음에 들었지."라고 답해주셨다. 그리고 뒤이어 들려주신 비하인드 스토리. 원래 회사에서는 학점이 3.0 이상인 사람들만 입사 기준을 통과했다고 한다. 당시 내 학점은 3.0이 되지 못했고, 그렇기에 인사팀에서는 학점이 부족했던 나를 불합격시키려고 했는데 직접 면접을 보았던 팀장님이 "이 친구의 가능성을 보자. 학점이 모든 걸 말해주는 건 아니니까." 하며 적극 추천하셨다고 했다. 뒷이야기를 알게 되자 나는 부족한 나를 선택해준 팀장님께 무한한 감사를 느꼈다. 또한 열심히 일할 수 있는 기회를 준 회사에도 반드시 의리를 지키고자 다짐했다.

의리는 '사람으로서 마땅히 지켜야 할 도리' '사람과의 관계에서 지켜야 할 바른 도리'라는 뜻이다. 나는 이 의리가 사람과 사람 사이뿐 아니라 회사와 직원 사이에서도 꼭 필요하다고 생각한다.

'갑질'을 하는 회사의 횡포나 그 대표의 무례한 행동이 종종 이슈가 된다. 거기에 세상의 모든 '을'이 분노한다. 나 역시 그러한 뉴스를 접할 때마다 분노를 감추기 힘들다. 그러나 모든 회사가 다 그런 것은 아니다. 적어도 내가 몸담고 있는 회사는 그렇다. 때때로 상사의 무례한 언행에 놀랄 때가 있고, 부당함에 화가 날 때가 있고, 회사가 좀 더 복지에 신경 써주기를 바랄 때가 있다. 다른 회사보다 더 많은 혜택을 받고 싶고, 좀 더 승진이 잘 되었으면 좋겠고 좀 더 내 시간이 확보되었으면 좋겠다고 바랄 때가 있다. 우리는 그렇게 회사에 대해 수많은 것들을 바라고 요구한다.

그것이 틀렸다는 말을 하려는 게 아니다. 우리가 회사에게 받고자 하는 만큼 회사도 우리에게 요구하는 것이 있다. 회사는 우리가 '열심히'를 넘어 일을 '잘'하기를 원한다. 임직원들이 재능을 마음껏 발휘함으로써, 개인의 꿈과 회사의 비전이 함께 성취되길 원한다. 그래서 개인이 행복을 느끼면서 동시에 회사의 성장에도 기여하기를 원한다. 때문에 회사는 그렇게 할 수 있도록 바탕을 만들어주고, 부족한 것이 있다면 전체적인 것을 고려하여 개선해나가기 위해 노력한다. 그런 방향성이 없거나 자신과 맞지 않는 회사라면 퇴사를 고려하라. 하지만 적어도 자신이 노력하는 만큼, 의리를 지키는 만큼 회사도 그대를 배신하지 않고 적절한 대가를 줄 거라고 확신한다.

의리는 일방적인 것이 아니다. 일머리는 요만큼도 없던 나, 입사 기준에도 못 미쳤던 나를 뽑아 돈을 주며 일을 가르치고 다듬어서 지금의 커리어를 만드는 데 도움을 준 것이 회사다. 적어도 내겐 그렇다. 매일 회사가 가져다주는 부당함에 불평불만하고 있다면 한번쯤 뒤집어 생각해보자. 나는 회사에 얼마만큼의 기여를 하고 있는가? 내가 받는 월급만큼, 혹은 그 이상의 기대를 채우고 있는가? 내가 내뿜는 부정적 에너지는 나를 포함한 주변 모두에게 부정적인 에너지를 전염시킨다. 언젠가 〈시크릿〉이라는 책에서 본 것처럼, 나의 긍정성은 주변의 모든 긍정성을 끌어들인다고 나는 믿는다.

어떤 저자가 했던 말처럼 지금 당신이 힘들다면, 잘하고 있는 것이다. 그런 당신을 응원한다. 퇴사하고 싶지 않지만 지치고 힘들다면, 회사의 부당함에 속이 상하다면 떠올려보자. 처음 이 회사를 선택했을 때의 이유, 합격했던 그 순간의 기분 등을…. 그 감정들은 회사에 대한 애정의 불꽃을 다시 피워줄 수도 있고, 잠시 잊고 있던 열정의 씨앗이 되어줄 수도 있다.

'결혼'은
개인 성장의 지름길이다

연애, 결혼, 아이를 포기한 세대를 일컫는 '삼포세대'라는 용어는 2011년에 경향신문에서 처음 사용되었다. 미래를 계획하는 것이 불가능한 청년들의 불안정한 사회적 위치를 조명하고자 탄생한 신조어인 '삼포세대'는, 10여 년이 흘렀어도 사라지기는커녕 '오포세대', '칠포세대'라는 유사어까지 탄생시켰다. 불안정한 일자리와 학자금 대출, 기약 없는 취업 준비, 하늘 높은 줄 모르고 치솟는 집값 등등 삶에 필요한 비용들이 주는 압박이 그만큼 크기 때문이리라. 오죽하면 결혼한 사람들 중에 절반 이상이 자녀를 두지 않는 맞벌이 부부인 '딩크족'이 되었을까?

많은 사람들이 결혼을 하면 시간적인 자유, 금전적인 자유, 공간적인 자유, 인간관계에서의 자유 등 많은 부분들을 잃게 된다고 생각한다. 그러나 그렇지 않다고 말하고 싶다. 나는 결혼을 통해 많을 것을 배우고 얻을 수 있었기 때문이다.

결혼 전에는 알지 못했던 세계가 결혼 후에 펼쳐진다. 물론 어렵고 힘든 점도 있지만, 적어도 내가 어떤 사람이었는지에 대해서 더 깊이 들여다보는 시간을 갖게 된다. 결혼생활은 개인과 개인이 만나는 연애와 완전히 다르다. 그렇기에 두 삶이 포개어져 더 큰 삶이 된다. 그 삶이 주는 가르침은 생각보다 크다. 나는 결혼을 통해 혼자 있을 때의 행복보다 가족과 함께 나누는 행복이 더 크다는 사실을 깨달을 수 있었다. 결혼 후 생긴 두 배의 가족은 두 배의 신경 쓸 거리를 가져다주었지만, 두 배의 행복 또한 가져다주었다. 이처럼 여러 가지를 얻을 수 있었기에 나는 결혼이 개인 성장의 지름길이자 자기계발의 마무리가 아닐까 하는 생각을 하게 되었다.

　나 역시 '욜로'를 즐긴 사람이었기에, 결혼은 무슨 결혼이냐며 독신을 선언한 적도 있었다. 그러나 삶의 질을 높이고자 취미생활과 자기계발에도 아낌없이 돈을 쓰고 나니 결국 남은 것은 외로움뿐이라는 걸 깨달았다. 혼자만의 시간이 아무리 풍성했더라도 마지막에는 외로움이 남은 것이다. 결국 나는 한 남자의 아내가 됨으로써 한 아이의 엄마가 될 수 있었고, 그렇게 부모가 되면서 한 단계 더 어른으로 성장하는 나 자신을 발견할 수 있었다. 결혼을 통해 얻게 된 것은 나만의 가족 외에도 몇 가지가 더 있는데, 그중에서도 가장 큰 것은 힘든 회사생활을 견뎌낼 수 있는 이유였다. 안정된 결혼생활이야말로 고된 회사생활을 버티게 해주는 원동력이었다.

내가 결혼을 통해 얻은 최고의 선물들은 다음과 같다.

회사를 버텨낼 수 있게 해주는 '의지력'

최근 우리 부부는 집을 마련하기 위해 대출을 받았다. 대출을 받아본 사람은 안다. 회사를 다니지 않으면 원하는 만큼의 대출금을 받을 수 없다는 사실을. 대출을 신청하던 그날 이후 나는 더욱 직장에 애사심을 갖고 일을 하게 되었다. 이런 마음과 의지는 현재진행형이다. 대출을 갚기 위해 열심히 회사에 출근하고 있으니까.

노후를 구체적으로 계획할 수 있는 '추진력'

결혼하기 전, 나는 노후와 미래에 대한 구체적인 계획을 세우지 않고 막연하게 걱정하기만 했다. 그렇지만 결혼을 하게 되자 아득하게만 느껴지던 노후와 미래에 대한 계획을 함께 고민하며 세워나갈 수 있는 사람이 생겼다. 착실하게 계획을 세우고 그 계획을 실현해나갈 수 있게 된 것이다. 두루뭉술하기만 하던 미래가 구체적으로 그려지기 시작하여 하나하나 현실로 이루어갈 수 있게 되었다.

가장 친한 친구가 항상 옆에 있다는 '즐거움'

나는 더 이상 주말이 심심하지 않다. 여행을 가고 싶으면 언제든 바로 떠날 수 있고, 심지어 누구와 가야 하나 하는 고민도 할 필요가 없다. 누구보다 가깝고, 즐겁고, 운전까지 할 수 있는 친구가 늘 내 곁에 있기 때문이다. 결혼은 내게 평생을 함께할 동반자이자 그 어떤 친구보다도 가까운 베스트 프렌드를 선물해주었다.

부모님께 진심 어린 효도를 할 수 있다는 '감사함'

결혼을 하고 아이를 낳게 되자 부모님을 대하는 마음과 태도가 달라졌다. 결혼 전에는 형식적으로만 효도를 했다면, 아이를 낳고 키우면서 부모님의 심정과 사랑의 깊이를 새롭게 느끼게 되어 진심이 담긴 효도를 하게 되었다.

내 편이 생겼다는 '든든함'

무엇보다 결혼을 한 뒤에 가장 먼저 느낀 것은 든든함이었다. '내 편이 생겼다'라는 것은, 회사에서 안 좋은 일이나 억울한 일을 당해도 나와 함께 이 일을 나누고 극복할 사람이 있다는 마음이 들도록 만들었다. 덕분에 나는 회사에서 안 좋은 일을 겪게 되어도 이전보다 훨씬 단단하게 그 일을 이겨내며 버텨나갈 수 있었다. 물론 가끔 남의 편인 경우도 더러 있긴 하지만….

개인의 성장은 배우고 읽고 쓰는 것으로만 가능한 것일까? 나는 그렇지 않다고 생각한다. 사람과 사람이 만나 결합함으로써 두 사람 모두가 성장할 수 있다는 것을 경험했기 때문이다. 집안과 집안이 결합하는 과정과 새로운 삶의 장을 한 페이지 넘김으로써 겪게 되는 고난은 사람을 성장시킨다. 그래서 부모님들이 결혼을 재촉하시는 게 아닐까? 하루 빨리 어른이 되어서 세상을 독립적으로 살아갈 방법을 터득하라고 말이다.

나는 단언할 수 있다. 회사를 버틸 수 있던 것은 결혼이 만들어준 '가족이 주는 행복'이 있었기에 가능했다는 것을. 조금 먼저 결혼생활을 하고 있는 누나이자 언니로서 이야기해주고 싶다. 세 가지, 다섯 가지, 일곱 가지를 포기하더라도 결혼만큼은 꼭 해보라고. 결혼이야말로 포기해야 할 것만 가득해 보이는 당신의 삶에 생각지도 못한 선물들을 잔뜩 안겨줄 것이라고 말이다. 내 베스트 프렌드도 나와 같은 생각인지 물어봐야겠지만!

진정한 어른으로의
도약

 나는 워킹맘이다. 직장을 다니며 육아를 병행하는 선배들에게 "육아는 절대 쉽지 않아."라는 이야기를 무수히 많이 들었고, 현실도 그러했다. 아마 많은 워킹맘들이 공감하리라. 엄마와 함께 있겠다는 아이를 어린이집에 보내고 드는 미안함, 회사 업무에 집중하지 못하는 죄책감, 또 그 외의 많은 어려움. 그러나 워킹맘이 되는 것은 도전해 볼 가치와 이유가 충분하다. 진정한 어른으로 도약하는 발판이 되어주었기 때문이다. 저절로 어른이 될 수 없는 것처럼 워킹맘 역시 하고 싶다고 해서 아무나 할 수는 없다. 직장과 아이가 있어야만 가능하기 때문이다. 그래서 오늘도 나 자신을 진정한 어른으로 성장시켜준 아이에게 고마움을 느낀다.

 하지만 둘 다 완벽히 잘하기는 어렵다. 나 역시도 "회사를 다니면서 아이도 잘 기르는, 두 마리 토끼를 모두 잡는 워킹맘이 되어야지!" 하며 강한 의지를 보였던 기억이 있다. 잘 되었을 까? 아니, 별로. 최선을 다했지만 쉽지 않았다. 그래서 일과 육 아를 완벽하게 잘하고야 말겠다는 다짐은 다음 생에 하기로 했 다. 그렇게 생각하도록 만든 결정적 사건이 있었다.

남편의 '웃긴 엄마 만들기'

한번은 일찍 출근하는 나를 대신해서 남편이 아이의 등원을 책임져야 했다. 어린이집에서 식판을 가져오면 매일 씻어서 그 걸 가방에 넣어주면 되는데, 남편은 그게 도시락쯤 된다고 생각 했는지 집에 있는 밥과 반찬들을 식판에 넣어 보낸 게 아닌가. 그날 아이의 수첩에는 선생님이 이런 메모를 적어두었다.

"어머님 죄송합니다. 식판은 씻어서 보내주시기만 하면 됩니 다. 저희가 제대로 말씀을 못 드렸네요."

나는 억울했다. 내가 보낸 게 아니니까. 무조건 '엄마의 실수' 로 확신한 선생님도 미웠다. 완벽한 워킹맘은 여기서 끝나버렸 다. 남편의 실수는 나를 졸지에 웃기는 엄마로 만들어버렸다. 남 편의 '웃긴 엄마 만들기'는 여기서 끝나지 않았다. 아이의 친구 엄마들과 어울리기 시작했는데, 엄마들이 "동진이는 엄마가 없 는 줄 알았어요."라고 말하는 게 아닌가. 엄청 마음이 많이 아팠 다고 말이다. 알고 보니 남편은 짝이 안 맞는 신발, 말도 안 되는 옷들을 대충 입히는 것은 물론이고 때로는 세수나 양치질도 시키지 않은 채 아이를 데리고 나갔던 것이다.

그러던 어느 날, 선생님이 결정타를 날렸다. "어머님 오늘 동진이 입에서 입 냄새가 나요." 하필 남편이 양치를 시키지 않고 등원시킨 날에 내가 하원을 시킨 것이었다. 순간 남편에게 화가 났지만 "제가 그런 거 아니에요."라고 할 수는 없지 않은가?

이렇게 어쩔 수 없는 한계를 느끼면서, 완벽한 워킹맘이 되고자 하는 마음을 자연스럽게 내려놓게 되었다. 어차피 이렇게 된 거 잘됐다는 생각도 들었다. 하지만 '육아는 엄마가!'라는 사람들의 인식 개선은 꼭 필요하다는 생각이 든다. 엄마의 실수가 아니라 아빠의 실수일 수도 있기 때문에. 물론 완벽한 육아 대디들도 있지만 말이다. 완벽해지고자 하는 마음은 사람을 힘들게 한다. 그렇게 될 수가 없으니 영원히 채워지지 않는 셈이다.

아이로 인해
다시 보게 된 세상

그럼에도 불구하고 엄마라는 이름과 회사원의 자리를 지키고 있다는 사실. 이 두 사실은 내가 회사에서 버틸 수 있는 원동력이 되어주었고, 내 삶 또한 더욱 만족스럽게 만들어주었다. 아이를 낳기 전 주변 사람들은 나에게 "아이 낳으면 이제 하고 싶은 거 하나도 못한다." "행복 끝 고생 시작이다." 하고 겁을 주었다. 그래서 아이가 태어나면 세상이 끝나는 줄만 알았다. 그러나 반전의 반전이 일어났다. 오히려 아이를 낳음으로써 진정한 어른으로 도약할 수 있었으니 말이다.

잠의 소중함을 깨닫게 되었다

두 시간마다 깨는 아이에게 분유를 주기 위해 매일 좀비 같은 하루를 보내면서 나는 잠의 소중함을 새삼스레 깨달았다. 아이를 낳기 전에는 불면증이 있었는데, 낳은 뒤에는 머리만 대면 잠이 오는 기적이 일어났다. 잠이 주는 달콤함, 그리고 아이가 처음으로 통잠을 자주었던 그날의 개운함과 상쾌함은 아직도 잊을 수 없다.

회사일은 견딜 만한 일이라는 걸 알게 되었다

아이를 낳기 전 회사 업무는 그 어떤 작은 것이라도 모두 스트레스였다. 하지만 아이가 태어난 뒤 백일동안 육아를 하며 회사일보다 더 힘든 일도 있구나! 하는 생각이 들었다. 사실 아이를 낳으면 회사를 그만둘 수 있는 좋은 핑계거리가 생기지 않을까 기대하기도 했다. 하지만 이내 단호히 마음을 먹었다. 딱 출산휴가만 사용하겠다고! 그리고 회사로 복귀할 그날만을 손꼽아 기다렸다.

오죽하면 옛말에 "애 키울래, 밭일 할래?" 하면 다들 밭일을 하겠다고 나선다는 이야기가 있을까? 그만큼 육아는 어렵다. 출산휴가를 마치고 회사로 복귀한 그날! 두 발로 걸어가서 양손 자유롭게 믹스커피를 타고 한 모금 마셨던 그날! 그 순간의 커피 향과 자유는 지금도 잊을 수 없다. 오랜만에 마주하는 모니터가 그렇게 반가울 수가 없었다.

착한 사람이 될 수 있다

아이를 낳기 전의 나는 예민하고 까칠하고 화가 많은 사람이었다. 하지만 아이를 낳은 후에는 가급적 화를 참으며 착한 사람이 되기 위해 노력하게 되었다. 그 덕분인지, 출산휴가 후 오랜만에 출근한 나에게 직원 한 분이 조용히 다가와 속삭여준 말이 생각난다.

"명혜 씨!! 왜 이렇게 착해졌어요?"

으하하하. 사람은 쉽게 변하지 않는다는 말이 있는데, 나는 모성애 하나만으로도 착한 사람으로 변신한 것이다.

일을 미루지 않고 빨리 처리하게 되었다

아이가 자는 동안 밀린 집안일을 빠르게 해야 했고, 아이를 돌보기 위해 퇴근도 빠르게 해야 했다. 모든 일을 빠르게 하다 보니 하기 싫어 미루던 일들도 빠르게 처리하는 습관이 생겼다. 아이가 자는 동안 필요한 건 스피드!! 였으니까.

좋은 사람이 되려 마음먹었다

나를 힘들게 하는 사람이나 지치게 하는 일들 모두 미워하지 않기로 했다. 오히려 그 모든 걸 품어주고 이해해주기로 했다. 아이로 인해 더 좋은 사람이 되어야겠다는 삶의 목표가 생겼기 때문이다. 이제는 한 아이의 엄마라는 또 다른 이름으로 살아야 하기에.

가족에게 감사함을 느끼게 되었다

출산한 뒤, 부모님과 동생들이 매일같이 집으로 와서 아이를 돌봐주며 꿀 같은 휴식을 주었다. 가까이에 가족이 있음에 감사하게 되었다.

힘들지 않은 육아를 위해
필요한 것

나는 주변에서 "아이 키우는 게 전혀 힘들어 보이지 않네?" 하는 소리를 종종 듣는다. 아이가 워낙 순하고 낮잠도 잘 자주었기도 했지만, 무엇보다 육아의 역할을 분담하는 일을 중요하게 여긴 덕에 육아노동을 비교적 수월하게 할 수 있었다. 여기에 나의 몇 가지 철칙이 있으니 참고해보시길.

육아의 역할 분담은 확실히 해야 한다

남편: 어린이집 등하원, 아이 목욕, 음식물 쓰레기, 청소 및 잡일

나: 식사 준비, 설거지(식기세척기 추천합니다. 아이와의 시간을 위해!), 빨래

지금까지 역할 분담이 확실하다고 생각했는데, 이렇게 나열해보니 남편의 비중이 확연히 높다는 사실을 알게 되었네? 미안함

은 잠시 접어두고, 역할 분담을 할 때 주의해야 할 점에 대해 이야기해보자. 바로 역할을 분배한 후에, 남편이 기대에 못 미치는 행동을 하더라도 참고 기다려줘야 한다는 것. 시간이 아까워 답답한 마음에 본인이 나서서 하다가는 평생 동안 독박육아를 할 수도 있다. 나 역시 남편의 설거지를 믿기 어려워서 내가 하기 시작했는데, 정신을 차리고 보니 어느새 내 일이 되어 있었다.

육아는 어느 한쪽이 희생하면 안 된다. 두 사람의 아이인만큼, 아이를 기르는 일은 부모 공동의 몫이다. 혹시나 남편이 외벌이라 육아를 온전히 본인 몫이라 생각하는 분들에게 말해주고 싶다. 내가 직접 경험해보니, 사회생활을 하는 일보다 아이를 돌보는 일이 훨씬 어렵고 대단한 일이더라고. 정말 존경스럽다고 말이다.

맞벌이든 외벌이든, 부모 모두 참여하는 공동 육아를 해야 힘이 덜 든다는 사실을 꼭 기억했으면 좋겠다. 그래야 내가 행복할 수 있고 아이가 행복할 수 있다. 우리는 보통 아이를 낳아 키운다고 생각하지만 오히려 아이가 우리들을 진정한 어른으로 성장시킨다. 그렇기 때문에 아이를 키우는 일은 어른이 되기 위한 출발점인지도 모른다.

부모가 되기 전 사전준비로 독서를 하자

난 책과 거리가 멀었던 사람이지만, 임신을 하기 전부터 언젠가 태어날 아이를 기다리며 육아에 관련된 책을 섭렵했다. 아이를 잘 키우기 위한 사전준비에 책만 한 것이 없었기 때문이다. 그래서 책을 읽으며 소중한 아이를 기다렸다. 육아를 위한 책은 많은 깨달음과 지식, 정보를 주었다. 독서를 할수록 어릴 때 우리 부모님이 이런 유익한 책을 읽으셨더라면 참 좋았을 텐데 하는 아쉬움이 들기도 했다. 어쨌거나 아이로 인해 나의 취미는 어느새 독서가 되었고, 그 취미는 지금 이렇게 글을 쓸 수 있도록 동기를 부여해주었다.

결혼이 내 성장의 지름길이었다면, 부모가 된 것은 진정한 어른으로의 도약이었다고 확신한다. 아이로 인해 좋은 부모이자 어른이 되어야겠다고 다짐했으니까. 또한 나를 책 읽는 엄마로, 책을 내는 작가로 만들어주었으니까.

독서를 할 수 없다면 좋은 정보를 문자로 공유해보자

모든 사람이 독서를 할 수는 없다. 나는 남편이 독서하는 모습을 한 번도 본 적이 없다. 그래서 좋은 글귀를 보거나 육아의 고급정보를 보면 남편에게 문자로 보내서 서로 공유했다. 엄마로 변해가는 여성의 신체적 변화를 유심히 알려주기도 했다. 특히

임신 중에는 관절이나 인대를 부드럽게 늘려주는 호르몬의 영향으로 뼈가 열려 있고, 이로 인해 손목 통증이 생길 수도 있다는 중요한 내용을 전해주면서 집안일을 많이 부탁했다. 그러나 그 호르몬이 언제까지 나오는 것이며 뼈가 언제 닫히는지에 대한 정보를 말해주지 않았기 때문에 남편은 아이를 낳은 지 4년이 지난 지금도 물병 뚜껑을 따준다. 재미있게도, 이것을 보며 정확한 정보를 얻기 위해서는 남이 알려주는 것을 믿기보다는 본인이 직접 책을 읽어야 한다는 사실을 다시 한번 깨닫게 되었다.

부모에게도 수업이 필요하다

나는 다양한 매체를 통해 아이가 올바로 성장하고 있는지, 또 내가 부모로서의 역할을 잘 수행하고 있는지 체크했다. 혹여나 놓치고 있는 육아정보가 있는지 확인했고, 잘 키우고자 하는 욕심에 주민 센터에서 강의를 들었다. 책을 읽을 시간조차 내기 어려울 때에는 2시간의 부모수업이 최고의 한 수가 되어준다. 강의를 듣는 동안 나는 행복한 가정의 모습을 그려보며 좋은 부모로 성장하기 위한 과정을 차근히 준비할 수 있었다. 개인적인 바람이 있다면, 정규과정을 이수해야 하는 학교가 존재하듯 행복한 가정을 위한 부모 교육을 필수로 이수해야 하는 제도가 생겼으면 한다. 그러면 지금 일어나는 많은 아동 학대와 아이들의 탈

선을 막을 수 있고, 많은 가정들이 더욱 행복하게 거듭날 수 있을 테니까. 아이의 잘못은 반드시 아이의 잘못만은 아니므로.

이런 준비 덕분에 난 육아가 덜 힘들었다. 오히려 나를 어른으로 만들어준 아이에게 고마운 마음을 갖게 되었다. 임신이 된 후에는 건강한 아이를 낳는 게 꿈이었는데 그 꿈을 이루었다. 백일 전에는 아이가 하루빨리 통잠을 자기를 기다렸는데 백일 전에 통잠을 자는 기적을 보여주었다. 아이와 하루빨리 대화를 하고 싶었는데 귀여운 옹알이로 응답해주었고, 아이가 대소변을 가리는 것이 내 인생 최대의 숙제였는데 작년 여름휴가 때 성공해주었다. 시원함과 안도감을 안겨준 아이에게 감사했다. 아이를 키우고 회사에서 버티면서, 아이에 대한 책임감과 무게감이 오히려 큰 행복으로 다가왔다. 그래서 아이가 자라는 만큼, 나 자신도 진정한 어른으로 성장할 수 있으리라 믿는다.

내가 어른으로 성장한 시간은 책을 사서 지식을 배운 시간도! 나 자신을 위해 투자하던 시간도! 아니었다. 결혼을 하고 직장생활을 버티며 아이를 출산하고 육아하는 과정에서 나는 성장했다. 섣불리 아이를 낳아보라고 권유할 수 없는 안타까운 현실이지만, 임신을 계획하고 있는 예비 부모님들은 미리 부모수업을 받고 육아에 관련된 책과 정보들을 많이 습득하기를 바란다. 작은 것 하나라도 놓치지 않는 육아를, 아쉬움이 남지 않는 육아를 하기 바란다. 준비된 육아만이 아이를 행복하게 잘 기를 수 있다.

　나를 진정한 어른으로 만들어준 아이 덕분에 회사에서 더 잘 버틸 수 있었고, 더 넓은 시야로 세상을 바라볼 수 있었다. 육아는 힘들지만 경험해볼 만한 가치가 충분하다. 그대들의 선택을 '존버' 언니는 존중한다.

사춘기도, 오춘기도
회사에서 겪었다

　많은 직장인들이 회사를 그만두고 싶다는 말과 월요일이 오지 않았으면 좋겠다는 말을 입에 달고 산다. 하지만 정말로 직장을 그만두는 사람은 드물다. 말이나 생각과 달리 회사를 그만두지 못하는 이유? 간단하다. 아직 미련이 남은 것이다. 진심으로 회사를 그만두는 사람들은 굳이 입 밖으로 그만두고 싶다는 말을 꺼내지도 않는다. 곧장 사표를 써버리지.

　많은 후배들이 "언니는 회사를 몇 년이나 다니신 거예요?"라고 묻는다. 그리고 내 대답을 들으면 눈을 동그랗게 뜨며 놀란다. 하긴 나조차 한번씩 '내가 언제 이렇게 회사를 오래 다녔나' 싶어 놀라곤 하니 그들이 놀라는 건 어쩌면 당연할지도…. 놀란 얼굴의 후배들에게 "너도 오래 다닐 수 있어."라고 말하면 그들은 "으악! 끔찍해요!"라는 반응을 보인다. 그래, 나는 어쩌면 그 끔찍한 시간을 견뎌냈기에 지금 이 순간을 편안하고 안락하게 누리고 있는지도 모르겠다.

후배들뿐 아니라 지인들이나 친구들 역시 내 회사경력을 들으면 새삼 놀라곤 한다. "아직도 그 회사 다니는 거야?" "와, 벌써 10년은 넘지 않았나?"로 시작해서 "그 회사가 그렇게 좋아?" "돈 많이 벌었겠네? 밥 사!"까지 다채로운 반응이 나온다. 그러나 마무리는 하나같이 "그래서, 언제까지 다니려고?"라는 물음으로 끝을 맺는다. 그러면 나 역시 언제나처럼 대답하는 것이다. "더 오래 다녀야지. 버텨야지."

고통의 시간 없이 성장은 없다. 나는 직장에서의 경험을 통해 이를 깨달았다. 만약 이곳에서의 그 '끔찍한' 시간들이 없었다면 지금의 나는 없었을 것이다. 추측컨대, 철든 어른과는 거리가 먼 모습으로 살고 있지 않았을까 싶다. 그런 의미에서 회사는 내게 고마운 존재다. 아무것도 모르는 사회초년생이던 나를, 할 줄 아는 거라곤 그저 "열심히 하겠습니다!"라는 말밖에 없었던 나를 후배까지 챙겨줄 수 있는 사람으로 키워주었으니까.

보통 10년 이상 한 가지 길을 걸어온 사람을 전문가라고 부른다. 10년이란 시간은 그만큼 길고 굴곡지다. 나 또한 결코 평탄치 않은 시간들을 넘어 이 자리까지 왔다. 회사에 막 입사했을 때는 아기가 걸음마를 배우듯 울고 웃으며 업무를 익혔다. 열정만 가득한 20대 초반이었던 나는 아무런 준비도 없이 회사에 입사한 값을 톡톡히 치러야 했다. 업무를 배우는 동안 처음으로 인생의 쓴맛과 단맛을 겪으면서 삶의 새로운 면면들을 배울 수 있었다. 그중에서도 가장 크게 얻은 것은 동료라는 이름의 인간관계였다.

가족들보다도 더 많은 시간을 함께 보내야 하는 직장동료들. 때로는 친구보다 더 친구 같은 사이가 되기도 했고 원수보다 더 원수 같은 사이가 되기도 했다. 그렇게 나는 동료들과 아픔과 기쁨을 나누고, 학창 시절의 친구들과는 전혀 다른 종류의 우정과 선의의 경쟁을 펼쳤다. 그리고 이를 통해 사람과 사람 사이의 중요성을 배웠다.

5년 차가 넘어가면서부터는 정체성과 적성에 대해 고민하며 뒤늦은 질풍노도의 시기를 겪기도 했다. 남들은 다 학창시절에 겪는다는 사춘기를 직장에서 겪었던 것이다. 그 혼란의 시기를 겪으면서도 결혼을 해서 가정을 이루고, 아이를 낳으면서 부모가 되었다. 그리고 17년 차가 된 지금, 여전히 나는 앞으로 걸어가야 할 삶의 방향을 고민하며 회사생활을 이어가고 있다. 그야말로 한 사람의 인간으로서 성장하는 시기를 모두 회사 안에서 보냈으며 지금도 보내고 있는 것이다.

이렇듯 내 삶에서 회사는 내 모든 순간을 함께해준 존재이고 의리를 지켜준 존재였다. 때로는 그 안에서의 경쟁과 성과에 치여 힘들 때도 있었고, 말도 안 되는 인간관계를 극복하느라 지난한 시간들을 보내기도 했다. 그렇지만 결과적으로 내게 남은 건 고마운 마음이다. 이런 과정은 비단 내가 다닌 회사가 아니어도 어디서든 겪는 과정일 테니까.

많은 직장인들이 회사를 그만둘 날을 꿈꾼다. 그러나 나는 반대였다. 결혼하기 전에는 '어떻게 해야 회사를 탈출할 수 있을까?' 하고 생각해본 적도 있지만 가정을 이루고 난 뒤에는 정반대로 바뀌었다. '어떻게 해야 회사를 오래 다닐 수 있을까?'에 대해 고민했다. 책임져야 할 가정이 있었고 멋진 워킹맘이 되고 싶었다. 성숙한 아내가 되고 싶었고, 더 성장한 직원이 되고 싶었으며, 좋은 어른이 되고 싶었다. 내 마음속에는 회사를 다녀야 하는 이유들만 가득했던 것이다.

나는 내가 회사를 통해 성장하는 만큼 내 아이와 가정도 멋지게 성장하리라 믿었고, 이 믿음은 현실이 되었다. 자랑스러운 내 가정을 볼 때면 말로 다 할 수 없는 뿌듯함을 느끼곤 한다. 모든 것을 놓고 싶을 만큼 힘들고 어려웠던 시간들이 결코 헛되지 않았다는 것을 증명해주고 있으니까.

가정이 부모의 사랑으로 아이를 성장시킨다면, 회사는 소속되어 있는 동안만큼은 든든하게 내 편이 되어 나를 한 사람의 어른으로 성장시켜준다. 적어도 회사를 통해 배우고 그 배움으로 기여하겠다는 의지가 있다면 말이다. 그래서 나는 오늘도 회사를 통해 한 계단 더 성장할 내일의 나를 기대한다. 회사는 인생의 또 다른 동반자로, 든든한 울타리로, 최고의 행운 중 하나로 내 삶에서 항상 함께해준 존재이니까.

감사의 글

나의 이야기가 책이 될 수 있을까, 참 많은 고민을 하며 펜을 들었습니다. 글쓰기를 배운 적도 없고 책을 쓴다는 꿈을 꿔본 적도 없었는데, 아이가 태어나고 나니 나중에 아이가 자랐을 때 나를 멋진 엄마로 여겨줬으면 하고 바라게 되었습니다. 더불어 마흔이 되기 전 내 삶에 값진 선물 하나를 해주고 싶었습니다. 이왕이면 그 선물이 나와 같은 고민을 하고, 또 같은 길을 걸어가야 할 많은 이들에게 작은 변화와 용기의 디딤돌이 되어주길 바라게 되었습니다. 그렇게 이 책이 탄생하게 되었습니다.

이 책이 나오기까지 많은 이들의 도움이 있었습니다. 가장 먼저 책을 쓰는 동안 나의 예민함을 감내해주며 내조에 힘써주고 긴 육아와 살림을 혼자 도맡아 하며 본인의 소중한 시간을 기꺼이 내게 양보해준 남편! 미안하다는 말 대신 고맙다, 앞으로도 양보를 부탁해! 그리고 2017년 1월 10일 오전 11시 45분. 이 세상에 태어나 평범한 회사원이었던 엄마를 '글 쓰는 워킹맘'으로 만들어준 우리 아들 동진이에게도 사랑한다는 말을 전합니다.

주말까지 공부하고 오겠다는 며느리에게 걱정하지 말고 열심히 하고 오라며 손자를 봐주신 시어머니, 동진이를 함께 봐주신 시어머니 친구분들. 감사합니다. 이 은혜 잊지 않을게요. 누구보다 저를 사랑해주고 출산 휴가 동안 저의 출근을 독려해준 할머니, 나의 이름을 지어주신 할아버지, 감사합니다. 이 책에 두 분에 대한 감사를 꼭 담고 싶었어요. 그리고 애 엄마가 책을 쓴다는 걸 잘 믿지 못하셨던 엄마, 아빠! 내가 마침표를 찍게 된 건 모두 두 분의 자극 덕분이었다는 걸 잊지 않겠습니다.

더불어 회사에 감사합니다. 회사는 내 인생의 많은 부분에서 나를 일으켜 세우고, 나를 돌아보게 한 귀한 울타리입니다. 특히 그 안에서 나를 격려해준 많은 동료와 선후배, 상사분들! 먼저 퇴사한 분들까지도. 회사의 일부로서 내 삶에 귀하게 자리한 분들임을, 이 자리를 빌려 말씀드리고 싶어요.

그리고 "선진언니, 현정언니, 미희언니" 내가 17년 동안이나 회사에서 '존버(존중하며 버티자)'할 수 있었던 이유 중 하나는 언니들이 멋있게 회사에 남아 있었기 때문이야! 나에게 좋은 본보기가 되어주어서 너무 고마워! 그리고 책 내용에 많은 도움을 준 진호 오빠! 책은 오빠가 써야 할 듯해. 당근과 채찍을 동시에 주신 '부드러운 카리스마' 존경하는 유현조 리더님, 평범한 아줌마를 '작가님'이라 불러주시고 정말 작가로 만들어준 정현미 선생님, 그리고 이 책을 마지막 페이지까지 읽어주신 독자 여러분!
진심으로 감사합니다. 우리 같이 함께 존중하며 버티어 보아요.